U1074814

产业组织理论基础

[日] 泉田成美　柳川隆　著
吴　波　王　琳　译

机械工业出版社

本书是为初学产业组织理论的大学生编写的入门教材，是一部以企业行为、政府管制和竞争政策为主要内容的较新且较贴近实际的著作。本书的特点是：①没有微观经济学基础的学生也可以学习；②将数学公式的使用降到最低程度，力求多用数据和图表说明；③为便于理解理论和实际政策之间的关系，力求多介绍实际事例，以便诠释理论是如何与政策相结合的。本书不仅适用于对企业行为领域的理论基础感兴趣的经管类专业的学生，还适用于对政府管制以及竞争政策方面感兴趣的法学类专业的学生。

图书在版编目（CIP）数据

产业组织理论基础/（日）泉田成美，（日）柳川隆著；吴波，王琳译. -北京：机械工业出版社，2015.7
ISBN 978-7-111-50444-3

Ⅰ.①产… Ⅱ.①泉… ②柳… ③吴… ④王… Ⅲ.①产业组织-经济理论 Ⅳ.①F062.9

中国版本图书馆 CIP 数据核字（2015）第 147428 号

机械工业出版社（北京市百万庄大街 22 号 邮政编码 100037）
策划编辑：裴 泱 责任编辑：裴 泱 任正一
责任校对：郭明磊 版式设计：张文贵
封面设计：张 静 责任印制：康朝琦
北京振兴源印务有限公司印刷
2015 年 9 月第 1 版·第 1 次印刷
169mm×239mm · 11 印张 · 170 千字
标准书号：ISBN 978-7-111-50444-3
定价：26.80 元

凡购本书，如有缺页、倒页、脱页，由本社发行部调换

电话服务	网络服务
服务咨询热线：010-88361066	机 工 官 网：www.cmpbook.com
读者购书热线：010-68326294	机 工 官 博：weibo.com/cmp1952
010-88379203	金 书 网：www.golden-book.com
封面无防伪标均为盗版	教育服务网：www.cmpedu.com

译者的话

产业组织理论是以微观经济学为指导，对个别企业的商业行为和企业之间、行业之间的商业行为进行具体分析和研究的学科，该领域的研究在 20 世纪 70—80 年代获得了巨大的发展。随着市场经济的发展而形成的垄断和垄断性竞争愈演愈烈；如何将企业市场行为的效率性和公共福祉性做最大化的有机整合，从而体现出竞争的有序性、公平性、合理性等，不是市场机制本身所能左右的，它需要政府的干预，而政府干预的有效机制就是反垄断法。

《中华人民共和国反垄断法》（以下简称《反垄断法》）于 2008 年 8 月出台。然而，由于有些企业对这项法律的理解和认识不足，导致一些市场行为的不规范而触犯这项法律。例如，2013 年 2 月 22 日，贵州茅台、五粮液两大白酒行业的领头企业受到了发改委 4.49 亿人民币的“垄断协议”罚单，在媒体和网络上引发了重大的关注和讨论。此次处罚被业内人士称作是我国《反垄断法》颁布 5 年来的首次对国内行业龙头企业的重罚。由此可以看出，我国《反垄断法》的执法道路仍曲折而艰辛。

充分借鉴国外的经验是我们快速进步的捷径。20 世纪 80 年代后期以来，反垄断成为世界各国的主流经济政策，发达的市场经济国家普遍重视反垄断立法，相关的法律制度不断得到强化。美国在 1890 年出台了世界上最早的反垄断法，即反托拉斯法；日本也于 1947 年制定了独占禁止法，美国和日本的经验值得我们学习。

日本东北大学大学院经济学研究科泉田成美教授和神户大学经济学研究科柳川隆教授合著的《产业组织理论基础》一书将微观经济学的企业行为原理具体运用到了产业组织理论中。为了照顾初学者，本书不仅将理论的内容尽量用简洁明快的语言说明，还列举了大量现实的案例加以说明，并且配有练习。本书也是一本值得高校产业组织理论教学借鉴的参考书，其中有关竞争政策方面的论述，更是决策机关参考的依据。据此，译者决定将其翻译出版，以期为我国《反垄断法》方面的从业人员、教学和研究人员提供可借鉴的经验。

吴　波　王　琳

前　言

本书是为初学产业组织理论的学生编写的入门教材。产业组织理论是以企业行为、政府管制和竞争政策为分析对象的现实的、实用的学问，常给人较难理解的印象。为此，为了能让初学者愉快地学习，我们最大限度地对问题进行了解析。

在阅读本书时，我们不要求学生必须具备微观经济学的知识，同时，我们还将数学公式的使用降到最低程度，尽量用数据和图表来说明；为了让同学们理解理论和现实政策之间的关系，使其成为现实的、实用的教材，我们尽量做到多列举现实事例，详细解读理论是如何体现在政策当中的。

基于此，笔者认为，本书是一本较为实用的产业组织理论入门教材。不仅适用于经济系的学生，而且还适用于企业管理系和商学系中对企业行为的理论基础感兴趣的同学，更适用于法学系对政府管制及竞争政策关注的学生。

本书虽为初学者的入门教材，但是其内容反映了产业组织理论中的最新动向。同时在本书编写的过程中，我们采取了几种不同方法，以区别以往的类似书籍。

首先，在本书第1章里，我们将“产业组织理论的历史及课题”作为一章来设置，就是要说明产业组织理论是在什么样的历史背景下产生的，如何随着时代的发展而变化。这样，通过对本章的学习，读者就能够了解产业组织理论是为解决什么样的问题而产生和发展的。

其次，本书的编写不站在特定的学派立场，而是以“现实”的产业组织理论的视角进行论述。详情请看本书第1章。在产业组织理论中，有哈佛学派、芝加哥学派、新产业组织理论、新实证产业组织理论等派别，每个学派的主张各不相同。因此，在日本出版的产业组织理论教材中，有些偏向于某一特定学派，而产业组织理论本身就是各学派不断争论、验证是非而发展起来的。在思考产业组织理论的发展历史上，我们认为，过于偏向特定学派的教材不适合初学者。

再次，以往许多产业组织理论教材中，往往是在书的最后才把政府管制和竞争政策作为一章编写，本书并没有采用这样的编排。在本书第 3 ~ 12 章的论述中，有关政府管制和竞争政策随时根据需要而加进内容。我们的初衷就是让读者感受到企业行为、政府管制及竞争政策在产业组织理论中应有的适当位置，理论与实际政策应该是紧密相连的。

本书的出版，承蒙有斐阁书籍编集二部渡边一树的大力协助，对此，我们深表谢意！

泉田成美　柳川隆

使用说明

本书的特征

本书的读者对象是对产业和企业关注的大学生或社会人士。为了让读者感受到理论和现实的联系，本书尽量插入一些企业、产业的事例以及竞争政策的突出话题，使其成为一本突出产业组织理论魅力的入门教材。

本书的结构

本书由12章构成。第1章介绍了产业组织理论的历史脉络，说明其研究的目的和课题；第2章对读者在学习产业组织理论过程中遇到的微观经济学的基础理论进行复习；第3~5章学习寡头垄断企业、自然垄断、阻止进入的某寡头垄断市场以及垄断性竞争市场；第6章学习对寡占市场有框架作用的博弈论基础；第7章和第8章分别分析寡占市场和卡特尔；第9章学习市场支配力、集中度和市场界定；第10章分析合并和合并管制的经济效果；第11章和第12章分析有垄断化倾向企业的战略行为，细分横向竞争和纵向竞争的关系。

导论

各章开头，为读者准备了解读本章重点事项的导入部分。

关键词

各章开头，列出本章学习的重要语句，并在正文中用黑体字标记。

小栏目

收录了与本书内容相关的有趣事例以及竞争政策的突出话题，共计11个。

参考文献

在各章结尾部分，附有与本章有关的参考文献，以便为专门学习本章内容的读者服务。

练习题

在各章结尾部分，准备了有关本章内容的练习题。

目　录

第 1 章　产业组织理论的历史及课题

导　论

产业组织理论是一门用微观经济学和计量经济学来分析产业组织和企业行为、面向现实和具有政策倾向性的学科。历史上，超大型托拉斯的形成与寡头垄断化所导致的弊端，让人们认识到了政府介入市场的必要性，这也成为竞争法和产业组织理论产生的基础。进一步说，产业组织理论的发展对公共管制和竞争政策也产生了影响。本章里，读者可在理解产业组织理论的目的和课题的同时，通过对产业组织理论和公共政策之间（公共管制和竞争政策）的相互影响以及对其发展历史渊源的认识，感受产业组织理论的现实魅力。

关键词

产业组织、公共管制、公共政策、竞争政策、竞争法、竞争当局、谢尔曼法、克莱顿法、联邦贸易委员会法、反托拉斯法、共谋假说、市场构造、市场行为、市场成果、SCP 范例、古典产业组织理论、哈佛学派、独占禁止法、公平交易委员会、芝加哥学派、哈佛-芝加哥之争、效率性假说、重视市场的经济政策、反托拉斯革新、新产业组织理论（NIO）、新实证产业组织理论（NEIO）、后芝加哥学派。

1.1　何谓产业组织理论

1. 学生们常提出的问题

我曾经担当过初级微观经济学的教学任务，好学的学生常提出如下问题：在现实产业中，有多少是符合完全竞争假说的？现实中的多数大企业有没有价格决定权？现实中企业行为的目的就是为了利润最大化吗？现实经济中政府的作用非常重要吗？等等。

在初级微观经济学的讲义中，首先常假定市场是完全竞争市场，在此基础上说明消费者和生产者的行为。然后，进一步阐述市场资源的有效配置等问题。有关完全竞争市场的问题，我们将在本书第2章具体涉及。在这里，我们暂不对其定义做具体描述。基本上，与市场整体的大小相比，因个别卖方和买方的购物数量不大，不会对交易中的商品和服务的价格产生影响。所以，我们希望读者把买卖双方作为市场价格的接受者来对待。

越是对现实的产业组织理论与企业行为、政府的作用等关心的学生，就越能感受到完全竞争市场假说以及由此得出的效率性结论，与现实的产业组织和企业行为、政府的作用之间存在着巨大的差异。笔者在接受同学们的上述质疑时，充分肯定这样的质疑是自然而有意义的。同时，也会做出如下的回答：

与完全市场假说相近的行业只有股票市场、一部分农产品市场和一部分服务行业。对于制造业（啤酒、钢铁等）、信息通信业、航空业等多数产业而言，因企业数量较少，从而形成了寡占市场（见本书第7章）；对于电力、煤气、自来水等公益行业，有些行业形成了区域寡头的垄断状态。因此，经济学最初提出的完全竞争市场假说，就是因为其最容易进行分析。从比较容易的讲义上看，通常的顺序是，以完全竞争市场作为出发点，从阐述寡头垄断市场（见本书第3章）、垄断性竞争市场（见本书第5章第4节）和寡占市场等不完全竞争市场，逐渐朝较为现实的方向做高度化的分析。如果是完全竞争市场，会实现资源的有效配置（见本书第2章），但多数的实际市场不是完全竞争市场，而是不完全竞争市场。所以，不一定会实现资源的有效配置。因此，政府的作用就显得非常重要了。

基于此，笔者常建议学生们：如果你对现实的产业组织理论、企业行为和政府的作用感兴趣，请你学完微观经济学后，再来研究产业组织理论。

2. 产业组织理论的目的和课题

通过与上述学生的对话，我们多少会了解到产业组织理论是一门什么样的学科了。产业组织理论是用微观经济学来分析产业组织、企业行为的学科。所

谓产业组织，是阿尔弗雷德·马歇尔提出的概念，包括企业的内部组织（是否进行纵向统合？是否进行分割？是否采用了事业部制度？等），一个产业内部的企业和企业之间的关系（是竞争性的，还是寡头性的，还是垄断性的），还包括产业之间的关系以及企业和国家之间的关系等。在产业组织理论中，在分析产业组织和企业行为时，某个产业、企业的经济行为是否有效率，或者说某一产业、企业要实现效率化，对什么样的行为进行分析成了产业组织理论的重要目的之一。

产业组织理论的特征之一就是现实性，即通过微观经济学，用现实的产业、企业的水准来观察各种各样的现象，用理论来说明各种现象发生的机制。此外，理论上的结论与现实是否相符，要用计量经济学来进行实证分析。通过理论分析与实证分析的结合，来阐述现实的产业组织和企业行为也是产业组织理论的课题之一。

在现实的市场中，以寡头垄断、寡占、垄断性竞争等不完全竞争市场居多。因此，产业组织理论的分析以不完全市场中的产业组织及企业行为，特别是企业的策略行为作为分析的核心。1980 年，M. E. 波特（M. E. Porter）通过对产业组织理论的研究，出版了《竞争策略》一书，彻底改变了经营的策略论。产业组织理论中的企业行为分析具有改变经营学的强大的现实稳妥性和影响力。

产业组织理论的另一个特征就是政策性。在经济政策中，产业组织理论无论在理论上，还是在实证上都对公共管制、竞争政策提供了经济学的依据。在当今社会里，政府在以各种形式介入民间的经济活动。例如，政府经营特种行业、政府限制其他企业进入特种行业、政府规范特种行业的收费等。针对此类公营企业的存在以及进入规制、成本管制等**公共管制**，政府应该进行什么样的干预，从经济学的效率性来分析也是产业组织理论的重要课题之一。回顾历史我们知道：产业组织理论为公营企业的私有化及管制松绑提供了理论依据。20 世纪 70 年代后期，美国和英国，后到欧盟、日本的大范围私有化、管制松绑的实现等，产业组织理论都对此做出了重要贡献。

此外，政府为了实现市场竞争的效率性，也常常介入私营企业的活动。在政府实施的多种**公共政策**中，维持市场竞争所进行的各种尝试统称为**竞争政策**。属于竞争政策的有，对私人垄断（见本书第 11、12 章）加以一定的限制，制定取缔卡特尔行为的卡特尔管制（见本书第8章），在审查大型企业之间合并所带来的影响的基础上，制定企业合并规制从而决定是否准许合并（见本书第10章），对非公平交易手段（见本书第11、12章）及误导性标示进行取缔等。竞争政策所依据的就是**竞争法**。美国的《反托拉斯法》、日本的《独占禁止法》都属于竞争法。此外，根据竞争法，执行竞争政策的政府部门称为**竞争当局**，美国称为联邦司法部（Department of Justice，DOJ）和联邦贸易委员会（Federal Trade Commission，FTC），日本称为公平交易委员会。

产业组织理论是由公共管制和竞争政策相互影响而发展起来的，即产业组织理论从其诞生之初到现在，不断地以公共管制和竞争政策的方式提供经济学的理论依据。特别是20世纪70年代末到80年代，产业组织理论在美国率先得以运用，而后波及欧盟和日本，为竞争政策模式的转变（反托拉斯革命）做出了贡献。

3. 产业组织理论是否令人振奋

如上所述，可以说产业组织理论无论是对关注现实的经济现象、企业行为、经营策略、经济理论，还是对关注政府的作用和政策的人来说都是一门令人振奋的学科。特别是20世纪70年代后期的产业组织理论的发展具有革命性、戏剧性。在20世纪70—80年代，产业组织理论实现了快速的发展。结果是，对于20世纪60年代前的产业组织理论和20世纪90年代后的产业组织理论而言，其内容已出现了相当大的不同。从某种意义上来说，产业组织理论是在过去40年的经济学中最富于变化的学问之一。

本书第3章以后的各章，尽可能生动地为读者介绍20世纪70年代以来产业组织理论的发展。为了理解产业组织理论的戏剧性变化，首先大体掌握其历史变革对我们来说是非常有益的。因此，在具体学习上述各章之前，我们对产业组织理论的产生、发展以及对政策的影响等进行历史性地概括。

1.2 古典产业组织理论的形成和SCP范例

1. 反托拉斯法的形成

19世纪后期的美国，寡头垄断化和巨型托拉斯（企业联合）的出现引起了社会问题。也就是说，从石油、钢铁、煤炭、铁路、铝业、水泥到威士忌、香皂、洗涤剂、砂糖等日常用品，都由寡头垄断企业和大型的托拉斯供应。由此导致的价格飙升，限制了中小企业的生产活动和大众的生活水平，引起了广泛的社会不满。

面对如此事态，当时对完全竞争市场假说进行分析的经济学者们，未能提出任何解决办法。结果是，寡头垄断和托拉斯所导致的问题主要还是试图通过联邦议会的立法加以解决。即 1889 年，本杰明·哈里森总统要求刑事立法，以规范“违反公共利益的危险的共谋”。于是在 1890 年，出台了一部**《谢尔曼法》**。该法禁止限制竞争的共谋行为（卡特尔）和企图达成、维持垄断的行为。由于《谢尔曼法》的制定导致众多托拉斯的解体，也由于该法的规定在总体上较为暧昧，继而又出现了新的问题，即不能阻止垄断和合并的形成。

事实上，在美国，自《谢尔曼法》制定后的 19 世纪末一直到 20 世纪初，美孚石油公司、美国钢铁、美洲香烟等大型垄断企业通过兼并不断产生。为此，为了禁止强行性的垄断行为，1914 年又分别制定了**《克莱顿法》**和**《联邦贸易委员会法》**，使其能对具有形成垄断危险的行为做事前的规制。《谢尔曼法》、《克莱顿法》和《联邦贸易委员会法》以及相关的法规总称为**反托拉斯法**。由于上述的历史过程，基于解决大型托拉斯的存在及垄断企业的形成所产生的社会问题的现实需要，竞争法和竞争政策便应运而生。

2. 古典产业组织理论的诞生

针对产业垄断化的现实，经济学终于在 1930 年后开发了一整套有效的分析工具。1933 年，张伯伦（Chamberlin）发表的《垄断竞争的理论》和 1934 年罗宾逊（Robinson）发表的《不完全竞争的经济学》使得用经济学分析寡头垄断市场、垄断性竞争市场行为成为可能。在不完全竞争的经济学里，垄断企业和托拉斯常显示出价格上涨和经济福利减少。今天的经济学终于可以触及到垄断化进程中的现实问题，给基于反托拉斯法的经济政策提供了理论上的依据。不完全竞争的经济学，在如此的社会背景下，短时间里无论在经济学上还是社会上都被广泛接受。进而，像古诺模型、伯特兰模型等古典的寡占市场模型（见本书第 7 章）再度成为经济学者们的关注对象。

然而，由于20世纪30—50年代不完全竞争的经济学刚刚产生，对不完全竞争市场，特别是寡占市场还没有形成一整套完整的理论分析模型。在这种情况下，到了20世纪50年代，贝恩（Bain，1951，1956）首先尝试了将寡占市场的经济关系用统计的实证分析加以验证的方法。统计分析显示：产业集中度越高，阻止新进入的壁垒就越高，因而能实现产业的高利润。分析还显示：市场集中度（产业集中的程度）越高，进入越困难，企业就会合谋提价，从而实现产业的高利润率。这样的假说被称作**共谋假说**。

基于上述分析，贝恩向我们展示了一种假说，即：**市场构造（market structure）、市场行为（market conduct）、市场成果（market performance）**。所谓市场构造，是指买方与卖方的集中度，进入壁垒的大小，设计、质量、广告等导致的产品差异化的程度，各类生产和流通阶段的纵向统合的程度，多元化的程度等所表示的市场构造上的特征。所谓市场行为是指企业的价格决定、广告、宣传、研究开发、设备投资等。此外，所谓市场成果是指利润率、资源配置效率、生产效率、技术效率、技术进步、公平分配等企业行为所实现的指标。贝恩把市场构造、市场行为、市场成果之间的关系，假定成一种直接的因果关系，即：市场构造决定市场行为，市场行为决定市场成果。还可以理解为"市场构造（S）→市场行为（C）→市场成果（P）"。上述"市场构造（S）→市场行为（C）→市场成果（P）"这种假说通常被称作**SCP范例**。

由于SCP范例的提出，贝恩以及后来的学者们都试图将市场构造、市场行为、市场成果之间存在的关系通过统计的实证分析使其明确化。并且，这样的研究积累孕育了产业组织理论这门新的学科。基于上述的SCP范例，我们把分析市场构造、市场行为、市场成果之间的关系称作**古典产业组织理论**，或者因以贝恩所属的哈佛大学为中心所进行的研究，也称作**哈佛学派**的产业组织理论。

如上所述，从产业组织理论成立之初，便呈现出了面向现实的性格，哈佛学派的共谋假说给美国政府的反托拉斯法的竞争政策以强大的影响力。结果是，基于SCP范例的竞争政策在20世纪50—70年代得以实施。在企业重组管制（有关合并的规制）领域里，集中度、市场份额等市场构造受到了重视，甚至连带来微小的集中度和市场份额的增加这样的合并，依据共谋假说都遭到了禁止。此外，纵向统合和纵向限制（见本书第12章）也受到了严格管制。

3. 垄断法的形成

日本在第二次世界大战后的 1947 年，在盟军总司令部（GHQ）的强烈要求下，以美国的反托拉斯法为蓝本，制定了**《独占禁止法》**，并设立了其执行机关——**公平交易委员会**。该法在制定之初，是为了防范战后解体的财阀复活，即保有子公司股份、成为统治该子公司运营的持股公司等行为被禁止。与美国的反托拉斯法相比，管制更加严格了。

然而，到了 1953 年，再次独立的日本大幅调整了《独占禁止法》。以经营合理化和景气对策为由，允许企业缔结卡特尔（见本书第 8 章），引入转售价格维持制度（见本书第 12 章）等，这些都大大地削弱了确保市场竞争机制的效果。此外，20 世纪 50 年代，在独占禁止法适用范围之外，又引进了一些制度，从而广泛形成了限制竞争的机制。

20 世纪 50—70 年代的日本，人们很少相信市场机制，比起竞争政策，人们更重视以产业保护为目的的产业政策。产业组织理论极少反映在政策之中。不过，这个时期的通产省（现经济产业省）常常有意识地介入市场体系。由于与《独占禁止法》相冲突，常遭到舆论的批评。结果是不得不改变策略。基于此，我们可以这样评价：《独占禁止法》在日本的制造业里具有维持竞争市场环境的自动装置的作用。

1.3 哈佛-芝加哥之争及反托拉斯革新

1. 芝加哥学派的批判

如前所述，20 世纪 50 年代和 70 年代的美国，严格执行了古典产业组织理论（哈佛学派）所主张的反托拉斯政策。对此，20 世纪 60—70 年代，重视传统微观经济学观点的**芝加哥学派**，对哈佛学派的产业组织理论进行了严厉的批判，结果发生了芝加哥学派经济学者与哈佛学派经济学者之间的争论，这被称为**哈佛-芝加哥之争**。

在哈佛-芝加哥的争论中，对于“集中度越高，产业利润率就越高”这一贝恩的实证结果和共谋假说，芝加哥学派予以严厉批评。芝加哥学派的布罗曾

(Brozen, 1970, 1971a, 1971b) 证实，贝恩的实证结果仅有一时之效。从长远来看，产业的利润率倾向于收缩化。换言之，现实中，由于存在利润率均衡化倾向，贝恩的实证结果一般不成立。

芝加哥学派提出的第二个比较实质的批判就是德姆塞茨（Demsetz, 1973）的**效率性假说**。德姆塞茨认为，因产业集中度高而实现较高的产业利润率，不是哈佛学派主张的来自于企业间共谋形成的，而是效率性高的企业自我实现的高利润率和高成长。并且，德姆塞茨为了证明自我主张的正确，将大企业和中小企业的利润率对产业的集中度有什么样的影响做了比较。如果哈佛学派所主张的共谋假说成立的话，在集中度高的产业里，受共谋而形成的高价格会给大企业、中小企业都带来高利润。德姆塞茨基于以上假说，调查了产业集中度和不同企业规模的利润率之间的关系，得出了和效率性假说相一致的结论。

针对芝加哥学派的批判，哈佛学派没能够提出比效率性假说、共谋假说更正确的实证分析的结论。之后，更严密的实证分析也证实，哈佛学派的共谋假说多次被否定。最后，人们普遍认为，哈佛学派的共谋假说是缺乏经济学依据的主张，而芝加哥学派的主张更具有影响力。

2. 芝加哥学派的主张

芝加哥学派注重传统微观经济学中的竞争市场理论，将哈佛学派的主张作为“非理论实证”加以无情地批判。芝加哥学派还认为，针对哈佛学派所主张的过于重视产业集中度而导致企业统合的严格管制以及纵向统合、纵向限制等强制管制，早已成为一种有损企业行为的错误政策，有必要对作为竞争政策严管的企业统合管制、纵向统合、纵向限制进行管制的转变，放宽企业合并以及纵向的相互关系。此外芝加哥学派还主张，企业间的卡特尔是一种排除市场竞争的恶性行为，应该取缔卡特尔并强行予以罚款。

同时，针对哈佛学派强调发生共谋的原因是进入壁垒，芝加哥学派也主张，如果排除由于政府的管制而导致的进入壁垒的话，哈佛学派的进入壁垒事实上不是什么大问题。这是由于效率性以外的原因造成的超额利润的存在，才诱发了新的进入。此种超额利润不可能持续下去。因此，竞争政策应该是缓解或废除导致进入壁垒的政府管制。

3. 反托拉斯革新

哈佛-芝加哥之争的结果是，在哈佛学派的主张被明确地否定的同时，芝加哥学派的主张被接受。美国的竞争政策在 1970 年以后有了巨大变化。

在企业统合管制领域里，公布了合并大纲，即把认可或禁止合并的判断标准明确化。除了因合并导致的经济非效率化以外，政策转变为原则上对合并予以认可。最终，20 世纪 80 年代后期的美国，众多的大型合并得以实现。

与此相反，竞争政策的中心是强化对有效排除市场竞争的卡特尔行为的取缔和罚款以及缓解可导致有效排除市场竞争的制度因素的影响——政府管制。这使得美国实现了对卡特尔行为的重罚以及完善了刑事处罚等。同时，在信息通信、电力、航空、货车运输等众多的行业里进行了大规模的管制松绑。

如上所述，20 世纪 70 年代后半期，美国完成了重视经济分析和重视市场竞争中竞争政策范例的转变。这样的政策亦被称为**重视市场的经济政策**。此外，此种竞争政策的范例转变，也被称作**反托拉斯革新**。很明显，反托拉斯革新是通过围绕产业组织理论之争而实现的，重视市场的经济政策，成为 20 世纪 90 年代以后美国经济发展的原动力。

小栏目 1

重视市场的经济政策

所谓重视市场的经济政策，是指20 世纪70—80 年代的美国、英国所采取的重视市场竞争机制的政策，反托拉斯革新也是其中的一部分，即①大规模管制松绑和私有化；②重估竞争政策和强化取缔卡特尔；③构筑健康的金融体系；④改革社会保障制度（完善安全网）；⑤大规模削减所得税和法人税等为主要支柱的一揽子政策。20 世纪 70 年代的美国，随着制造业向海外转移，国内产业的空心化所导致的失业率的上升和石油危机所导致的物价上涨，使美国苦于应付高失业率和高通胀率并存的滞涨现象。作为对付滞涨策略而采取的一揽子政策就是重视市场的经济政策，从而实现了美国经济的恢复和增长。

日本经历了 20 世纪 90 年代泡沫经济破灭后的被称作“失去的 10 年”的长期低迷期。这期间，政府基于凯恩斯经济学的思想，不断地尝试通过实施大规模公益事业投资来刺激景气恢复。但有关失业率方面，依然毫无成效。完全失业率在整个20世纪90年代不断上升，即由1990年的2.1%上升到了2002年的5.5%。2001年所采取的被叫作经济结构改革的一揽子政策，就是日本版的重视市场的经济政策，与美国的政策极其相似，包括：①邮政私有化，道路公团私有化，缓解电力管制、航空管制以及金融管制，统合和整治政府系列金融机构等大规模管制以及私有化；②修改《独占禁止法》，重估防止官方串通投标政策和强化取缔卡特尔；③处理不良债权，构筑健全的金融体系；④通过改革年金制度、医疗保险、管理制度等，健全社会保障体系（整合安全网）；⑤缓解所得税、法人税的累进税率等。采取这种重视市场的经济政策的结果是，国内总产值（GDP）自2002年以后出现连续正增长，完全失业率也于2007年6月降到了3.7%，从而实现了日本经济的恢复和增长。

1.4　新产业组织理论、新实证产业组织理论、后芝加哥学派

1. 产业组织理论的发展

哈佛-芝加哥之争导致产业组织理论的内容出现了重大变化。哈佛学派和芝加哥学派之间所展开的激烈争论引导了新的理论分析手段的开发，也发展了更加细腻的计量经济学分析手法。理论上，20世纪80年代，用博弈论对寡占市场中企业行为进行分析的**新产业组织理论**（New Industrial Organization，NIO）诞生。不仅仅是博弈论，由于信息经济学、谈判理论、合同理论等新的分析工具的不断产生，还有对于不完全竞争市场中的共谋（卡特尔）、产品差异化、广告战略、研究开发、纵向统合以及公司分立等产业组织理论中重要的焦点问题在理论上都扩大了分析的可能性。

此外，因博弈论的使用，使产业组织理论得以发展的同时，将理论的发展用于特定产业的计量经济学的实证分析，进而产生了**新实证产业组织论**（New Empirical Industrial Organization，NEIO）。

2. 后芝加哥学派的时代

由于新产业组织理论、新实证产业组织理论的诞生，20世纪80年代后，芝加哥学派的主张在理论和实证上进行了多次验证。其结果是至少在产业组织理

论领域里，芝加哥学派的主张并非全都正确。当然，芝加哥学派的影响力至今依然强劲，在其主张里还有很多是比较妥当的见解。事实上，进入 20 世纪 90 年代后，芝加哥学派的影响力在不断下降。鉴于此，今天的产业组织理论和竞争政策通常被称作**后芝加哥学派**。

当然，在理论上用博弈论、信息经济学的分析仍然是主流。在使用理论模型上，几乎不存在学派之间的差异。此外，经过 20 世纪 80 年代后的实证分析，即便政府管制没有涉及的产业，依然存在维持高利润率的企业，芝加哥学派所主张的迅速进入并没有发生，从而得出不能完全忽视进入壁垒存在的可能性。其结果是美国的竞争政策一面维持反托拉斯革新而产生的政策立场，一面又采纳 20 世纪 80 年代后的理论和实证的成果。从对个别政策的评判，逐步转移到以分析政策效果的后芝加哥学派的竞争政策上来。

3. 反托拉斯革命对欧盟及日本的影响

与美国相比，很早以前欧洲各国政府对经济活动的干预就很大。然而，20 世纪 90 年代欧洲联盟将美式竞争政策作为欧盟共同的经济政策，即推进国有企业私有化和放松管制，强化卡特尔管制，重估企业合并管制等，从而实现了竞争政策的范例转向。

在日本，虽然 20 世纪 80 年代实现了国有铁路、专卖公社、电电公司的私有化，但是，在 20 世纪 80 年代里，比起竞争政策，人们的注意力还是集中在产业政策上。然而，对 1990 年 1 月股价暴跌为契机的泡沫经济的破灭及随后的长期不景气，遂展开了有关经济政策的激烈讨论。结果是，从 20 世纪 90 年后期开始逐渐实施管制松绑。到 2001 年，把经济结构改革作为政策采用，实现了大规模的管制松绑和私有化。

此外，1997 年修改后的独占禁止法解除了对持股公司的限制，使企业更自由地选择组织形态成为可能。2005 年《独占禁止法》的修改实现了强化取缔卡特尔和提高征税额（作为行政措施征收）。尽管受到批评最多的企业合并管制的运营基准比较模糊，为了使运营透明化，公平交易委员会还是于 2004 年公布了企业合并的参考大纲，同时，2007 年又修正了该参考大纲，采用了美国和欧盟等实施合并的分析方法。

如上所述，20 世纪 70—80 年代，所实现的美国反托拉斯革新，从 20 世纪 90 年代至 21 世纪初已波及到了欧盟和日本的竞争政策；而产业组织理论的发展也对日本的经济政策产生了巨大的影响。

参考文献

[1] 泉田成美[2003]「産業組織論の系譜」『公正取引』第 635 号,12 - 19 頁。

[2] 泉田成美[2006]「独占禁止法の経済学・入門——インセンティブ・スキームとしての役割」『経済セミナー』第 616 号,12 - 16 頁。

[3] Bain. J. S [1951] "Relation of Profit Rate to Industry Concentration: American Manufacturing, 1936 - 1940," *Quarterly Journal of Economics*, 65, pp. 293 - 324.

[4] Bain. J. S [1956] *Barriers to New Competition*, Harvard University Press.

[5] Bain. J. S. [1959] *Industrial Organization*, John Wiley & Sons. (宮澤健一監訳[1970]『産業組織論(上・下)』丸善)。

[6] Brozen, Y. [1970] " The Antitrust Task Force Deconcentration Recommendation," Journal of law and Economics, 13, PP. 279 - 292.

[7] Brozen, Y. [1971a] "Concentration and Structural and Market Disequilibria," *Antitrust Bulletin*, 16, pp. 244 - 248.

[8] Brozen, Y. [1971b] "Bain's Concentration and Rates of Return Revisited," *Journal of Law and Economics*, 14, pp, 351 - 369.

[9] Chamberlin, E. H. [1993] *The Theory of Monopolistic Competition*, Harvard University Press. (青山秀夫訳[1996]『独占的競争の理論——価格論の新しい方向』至誠堂)

[10] Demsetz, H. [1973] "Industry Structure, Market Rivalry, and Public Policy," *Journal of Law and Economics*, 16, pp. 1 - 9.

[11] Mueller, D. C. [1986] *Profits in the Long Run*, Cambridge University Press.

[12] Porter, M. E. [1980] *Competitive Strategy: Techniques for Analyzing Industries and Competitors*, Free Press. (土岐坤・服部照夫・中辻万治訳[1982]『競争の戦略』ダイヤモンド社)

[13] Robinson, J. [1934] " *The Economics of Imperfect Competition*," Macmillan. (加藤泰男訳[1956]『不完全競争の経済学』文雅堂書店)

[14] Tirole, J. [1988] *The Theory of Industrial Organization*, MIT Press.

练习题

1. 论述有关产业组织理论的目的和课题。
2. 围绕竞争政策，请对哈佛学派和芝加哥学派的不同主张加以论述。
3. 请论述，由于反托拉斯革新，竞争政策出现了哪些变化。

第 2 章　产业组织理论的基础分析

导　论

本章就完全竞争市场中的消费者和企业行为，以及市场均衡中的经济福利进行说明。尽管难以找到满足完全竞争市场定义的商品市场，但从经济效益这一点上看，因为具备了我们所期待的性质，所以可成为产业组织理论的分析基础。在本章第 1 节里，我们就完全竞争市场的定义进行说明，同时，介绍多个分类市场。在本章第 2 节里，就消费者行为和弹性概念加以说明。在本章第 3 节里，我们将阐述成本的各个概念，同时，说明企业的行为。在本章第 4 节里，将论述经济福利、阐述完全竞争市场的均衡效率，并说明何时产生非效率的市场失灵问题。

关键词

完全竞争、价格接受者、不完全竞争、效用、需求曲线、替代品、互补品、需求的价格弹性、经济学上的利润、机会成本、固定成本、可变成本、长期、短期、边际成本、平均成本、平均可变成本、供给曲线、盈亏均衡点、操业停止点、经济福利、效率、公平、消费者剩余、生产者剩余、无谓损失、市场失灵、外在性。

2.1　完全竞争和不完全竞争

1. 完全竞争市场

完全竞争市场是指满足以下四个条件的市场。①被交易的商品和服务是同质的。所谓商品是指有形的商品，所谓服务是指无形的劳动（以下，我们统称为商品）。在这个条件下，商品的品质是均一的、标准化的一般用品，像饲料用的玉米等农产品，黄金、正规汽油等矿产品就是例子；②需求者和供给者的数量足够多。如果市场上有许多买方和卖方，没有任何一方可以左右市场价格，被迫以市场形成的价格进行买卖的话，企业和消费者也都成了把价格作为已知条件进行交易的**价格接受者**；③信息是完整的。所谓完整信息是指买卖双方都对商品的价格、质量等掌握充足的信息；④进入和退出的自由。这是指企业进入新的市场进行生产，或是从市场退出停止生产，这一切都是自由的。

2. 不完全竞争市场和产业组织理论

完全竞争的四个条件中的任何一条出现欠缺时，这个市场就成了**不完全竞争**市场。换言之，若第一点的商品不是同质的，出现了差异化的情况（见本书第5章第4节、第7章第4节），像汽车、劳动服务那样出现商品差异化的现象很多。再比如，在许多情况下，人们普遍认为，性能和质量有差异，消费者根据品牌选不同的商品等。对比第二点，像啤酒和粗钢等，有许多供给者不多的市场（见本书第6章、第7章）。第三点是指通常情况下信息不完备的情况。常见的有二手车买卖等。由于买卖双方间关于车子质量的信息不同，导致信息的非对称性。期货市场由于不完备，常出现未来价格的不确定性（见本书第11章第3节）。对比第四点，以公益性很强的市场为中心，由于政府的管制，进入和退出受到了限制等（见本书第4章、第5章）。

2.2 消费者行为和需求的价格弹性

1. 需求曲线

在本节中，我们将阐述消费者购物行为。消费者之所以购物，就是为了获得**效用**或是满足。消费者以能够用于消费的收入（预算）和希望购买的各种商品的价格信息为基础来决定各种商品的购买量。当商品的价格确定时，消费者能购得的数量称作**需求曲线**（以下，在许多情况下我们用直线表示，根据习惯我们称作需求曲线）。需求曲线随收入以及其他商品的价格而变化。

图2－1所示为消费者的需求曲线。需求曲线 dd 表示当价格为 p'时，需求量为 q'。由于消费者为了从消费中得到效用而消费，所以，从商品消费中所获得的效用可用货币单位（日元）来测算其大小和商品的价格。即与购物时所需的货币量做比较来进行消费。从商品的价格为 p'、需求量为 q'时的情形来看，消费者从 q'单位的消费中得到的追加效用用货币单位测出的价值（边际成本）是 p'。或者对第 q'个消费最大可支付的额度（支付许可额或是支付意愿额）为 p'。

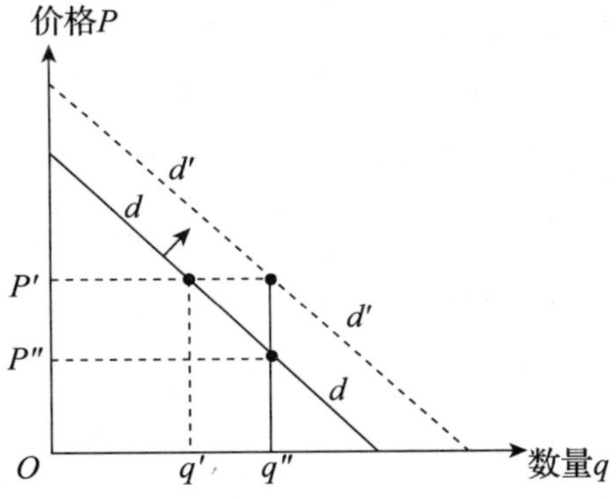

图2－1　需求曲线

一般来讲，随着商品消费量的增加，边际效用会递减。因此，价格降低了，消费者会购买更多的商品。比如，当价格降到 p''时，消费量就会增至 q''。为此，需求曲线就会向右下移动。

如果用于消费的收入增加了，该商品需求曲线的位置也会发生变化。当收入增加带动需求增加时，需求曲线由 dd 向 $d'd'$偏右上移动。该商品叫作正常品（高档品）。许多商品属于正常品。相反，当收入增加而需求减少时，需求曲线会向左下方移动，该商品叫作劣质品（低档品）。此外，当其他商品的价格上升时，如果该商品的需求增加、需求曲线会向右上移动，这样的商品叫作**替代品**；相反，如果需求减少，需求曲线会向左下方移动，这样的商品被称作**互补品**。在两个商品中，当消费一方的商品，而不再需要另一方的商品时，两种商品互为替代品。相反，消费一方的商品，同时也需要另一方的商品时，就成了互补品。

将个别消费者的需求曲线沿横坐标方向添加时，就得到了市场需求曲线。本书将个别消费者的需求量和个别企业的供给量用小写字母 q 表示，市场整体的需求量以及供给量用大写字母 Q 来表示。

2. 需求的价格弹性

需求量因价格的波动而产生多大程度的变化，就是所谓的**需求的价格弹性**。准确地说，价格出现1%上涨时，需求会出现百分之几减少的价格尺度。但是，通常来讲，由于价格上升、需求减少，减少时弹性取正值；在特殊情况下，当价格上升、需求增加时，弹性取负值。

图 2-2 描述了当价格为 p'、需求为 Q'时的两条需求曲线。当价格由 p'升至 p''时，对于需求曲线 $D'D'$来说，需求量减至 Q''。如果将需求的价格弹性用 ε 来表示。那么

$$\varepsilon = -\frac{\Delta Q}{Q} \div \frac{\Delta P}{P} = -\frac{\Delta Q}{\Delta P} \times \frac{P}{Q}$$

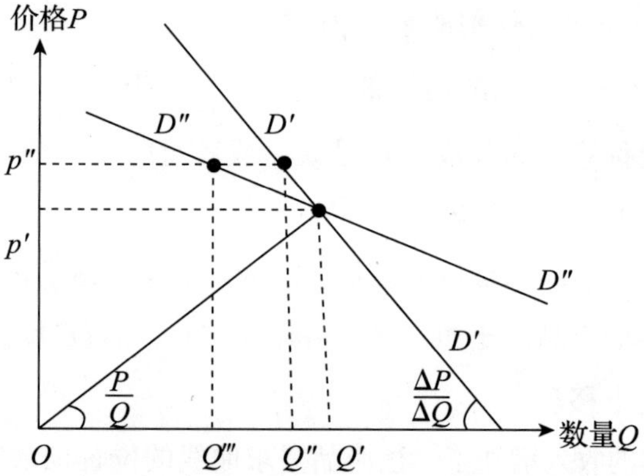

图 2-2　需求的价格弹性

即从图 2-2 所示中我们得知，弹性 ε 是需求曲线上点的位置$\frac{P}{Q}$以及需求曲线斜率$\frac{\Delta P}{\Delta Q}$的倒数$\frac{\Delta Q}{\Delta P}$的积。但是，$\Delta P$ 为价格的变化量（$P''-P'$），ΔQ 为需求的变化量（$Q''-Q'$）；$\frac{\Delta P}{P}$为价格的变化率，$\frac{\Delta Q}{Q}$是需求量的变化率。在通常情况下，当价格上升时（$\Delta P>0$），需求就减小（$\Delta Q<0$），通过给出负的符号，所以 ε 取正值。

此外，对于需求曲线 $D''D''$来说，因价格的上升，导致需求量大幅减至 Q'''，虽然 ΔP 大小没变，但是 ΔQ 的绝对值增大。在图 2-2 中，当$\frac{P}{Q}$值相同时，由于斜率平缓$\left(\frac{\Delta P}{\Delta Q}\text{绝对值较小}\right)$，$\frac{\Delta Q}{\Delta P}$的绝对值较大的需求曲线 $D''D''$比需求曲线 $D'D'$弹性 ε 值更大。如此看来，某点上需求曲线的斜率（绝对值）越大（陡峭），

弹性就越小；斜率越小（越舒缓），弹性就越大。

其次，在图2－3上，在一条直线的需求曲线 $D'D'$ 中，我们观察一下弹性是如何变化的。价格由 p' 变化到 p'' 时，需求量由 Q' 变化到 Q''，当价格由 p'' 变化到 P''' 时，需求量由 Q'' 变化到 Q'''。因斜率 $\dfrac{\Delta P}{\Delta Q}$ 相同，所以倒数 $\dfrac{\Delta Q}{\Delta P}$ 也相同。然而，对于点 A 和点 B 来说，$\dfrac{P}{Q}$ 的大小不同，点 B 比点 A，$\dfrac{P}{Q}$ 值大，因此，弹性 ε 值也大。基于此，对于一条直线的需求曲线来说，越往左上，需求的价格弹性就越大。

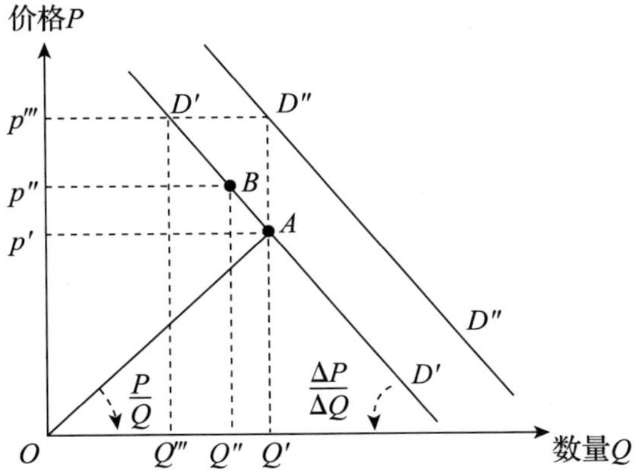

图2－3　需求曲线上的弹性比较

最后，在图2－3中，让我们在斜率相等的两条需求曲线上比较一下弹性吧。当价格为 p''' 时，需求曲线 $D'D'$ 的需求量是 Q'''，需求曲线 $D''D''$ 的需求量是 Q'。由于需求曲线的斜率相等，$\dfrac{\Delta Q}{\Delta P}$ 也相等。$\dfrac{P}{Q}$ 的大小应该是需求曲线 $D'D'$ 比需求曲线 $D''D''$ 大，所以，弹性也是需求曲线 $D'D'$ 较大。此外，当需求量为 Q' 时，对于需求曲线 $D'D'$ 来说，价格是 p'，需求曲线 $D''D''$ 的价格是 p'''，从 $\dfrac{P}{Q}$ 的大小看来，需求曲线 $D''D''$ 大于需求曲线 $D'D'$，因此，弹性也大。

一般来说，如果价格上升，消费者就会相对地减少价位较高商品的消费，而试图消费价位相对较低的商品，所以，越是存在较密切的替代品，需求的价格弹性就越大。

作为与需求的价格弹性相类似的概念，存在需求的收入弹性的概念。这是指收入每上升 1% 时，需求会发生百分之几的变化值。如果是正常品，弹性即为正值，如果是劣质品，弹性即为负值。

2.3 成本的各种概念和企业行为

1. 企业的利润最大化行动

对本书中考察的许多情况而言，都设想了企业采取某一阶段时的利润最大化行动。这在静态经济中是稳妥的。即无需求变化，不需要考虑未来的设备投资等。现实虽然不是如此，但是可以考虑将它作为基本的经济模型。

然而，认为企业只在某个期间里实现利润最大化存在着局限性。对于本书的几种情况来说，企业考虑采取长期的利润最大化行动，对于企业来说，就本期的价格、产量、投资额等因所采取行动的不同，下期以后的成本条件就会出现相应的改变。企业竞争会对企业未来的行为变化做出预判，进而决定本期行动。例如，不以某一期间的利润最大化为目的，而是牺牲短期的利润，增加产量，让价格回落就是为了将来获得更大的利润。

由于利润是收入扣除成本，所以我们在详细阐述成本的同时，还要进一步说明怎样使利润最大化。

2. 经济学上的利润和会计学上的利润

企业追求的利润是**经济学上的利润**，与会计学上的利润不同。所谓会计学上的利润，对企业来讲就是收入减去实际支出的成本。而经济学上的利润指的是收入减去**机会成本**。所谓机会成本，是指因失去其他较好的获利机会而得不到的收入。

让我们看一看资本成本的处理情况吧！一旦企业为了生产而利用机械和设备，那么投到机械和设备的成本就不能用在其他用途上了。例如，为了购入生产需要的机械和设备，要支付手头的 1000 万日元；如果考虑到还有更好的用途，将 1000 万日元购买国债可以得到 5% 的利息，那么购入机械和设备，会损失获得 50 万日元的机会。这 50 万日元就是每年的机会成本。由于机械和设备存在未来的风险，企业在考虑后，如果认为能够获得超出5%的利润，就会投资。

对此，会计上的利润是收入减去实际成本的支出，对于投入生产的资本，把折旧当作资本成本来处理，把机械和设备的价值跌落作为年度的折旧来处理。至于多少作为年成本计算，根据耐久年限而定。例如，耐久年限为10年，如果按照定额来折旧1000万日元的设备，每年就得将100万日元作为成本来计算。不过，对于企业的账户资金而言，实际上这100万日元是作为现金流量留在企业的账户内而不是作为现金支出的。另一方面，过了折旧期的机械和设备，如果用于生产，会计上不作为资本成本计入，机械和设备对生产的贡献都作为利润入账。

3. 总成本、固定成本、可变成本

企业生产某种商品所需要的所有成本叫作总成本，用 C 表示。总成本分为**固定成本**（Fixed Cost，FC）和**可变成本**（Variable Cost，VC）。换言之，$C = \text{FC} + \text{VC}$。固定成本是指即使不生产仍需要的成本，包括固定设备投资需要的折旧、利息、长期雇用者的工资等。可变成本是指根据产量的增减而变动的成本，包括原材料费、煤水电费、短期雇工的工资等。

固定成本的界定是因时间的取舍而不同的。从长期来看，由于既可增设固定设备以及工厂，又可进行买卖等；时间越长，许多固定成本就转换成了可变成本。在经济学里，不存在固定成本的期间称作**长期**，存在固定成本的期间称作**短期**。

4. 边际成本、平均成本、平均可变成本

边际成本（Marginal Cost，MC）是指在某一产量下，再追加生产一个单位的产品所需要的成本。用符号书写为 $\text{MC} = \Delta C/\Delta q$。某产量中的短期可变成本（以及长期总成本）与边际成本之和相等。（例如，生产两个商品的可变成本是生产一个的边际成本和生产两个时的边际成本之和）。另一方面，**平均成本**（Average Cost，AC）是指生产一个单位的成本。符号是 $\text{AC} = C/q$。

图 2 - 4a 展示了微观经济学中的典型的短期成本曲线。当 Δq 很小时，边际成本是用总成本曲线的切线斜率来表示的。平均成本是用原点和总成本曲线上的接点斜率（C/q）来表示。总成本曲线在产量为 q' 时，平均成本出现递减，当产量超过 q' 时，平均成本呈现递增。从图中可以看出，平均成本在最小点 A 的产量是 q'，此时，平均成本等于边际成本。当平均成本递减时，平均成本大于边际成本，平均成本递增时，边际成本大于平均成本。

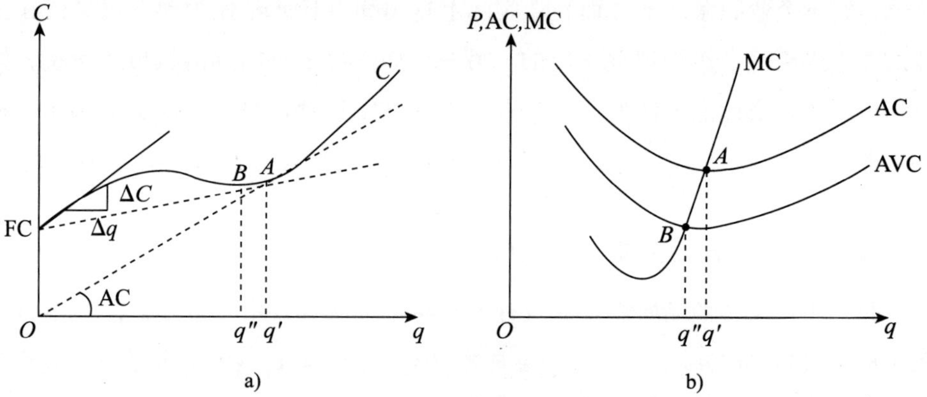

图 2 - 4　总成本、平均成本、边际成本、平均可变成本

a）总成本 C　　b）平均成本 AC 和边际成本 MC

平均可变成本（Average Variable Cost，AVC）是指每单位生产所需的可变成本。即从图中可以看出，连接纵坐标上的 FC 点和总成本曲线上的点之间的直线斜率。从图中可知，在平均可变成本的最小点 B 的产量 q'' 里，平均可变成本等于边际成本。

图 2 - 4b 是以图 2 - 4a 为基础而绘出的边际成本曲线、平均成本曲线及平均可变成本曲线。平均成本曲线出现递减直到生产量 q'，当超出产量 q' 时，呈现递增。此外，平均可变成本曲线出现递减直至 q''，当超出产量 q'' 时，该曲线呈现递增。在平均成本（以及平均可变成本）的最小点上，平均成本（平均可变成本）和边际成本相等。此外，当平均成本（平均可变成本）递减时，平均成本（平均可变成本）大于边际成本。当平均成本（平均可变成本）递增时，边际成本大于平均成本（平均可变成本）。

因总成本是固定成本和可变成本之和，所以，平均成本等于平均固定成本和平均可变成本之和，图 2－4b 中的平均成本与平均可变成本之差就是平均固定成本。

5. 平均成本一定和平均成本递减

在图 2－4b 的基础上，图 2－5 展示了作为具有代表性的两个平均成本曲线的形状。图 2－5a 表示平均成本一定时的平均成本曲线。由于固定成本为零，当边际成本一定时，即总成本曲线通过原点时，如图 2－5a 所示，平均成本一定，且等于边际成本。如图 2－5b 所示，平均成本持续递减时，如图 2－4 所说明的那样，平均成本大于边际成本。

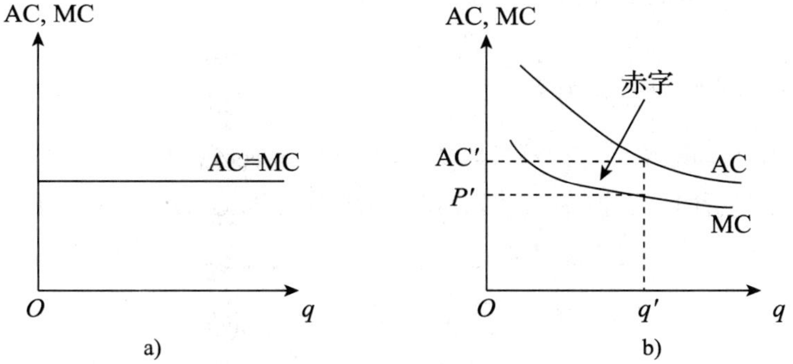

图 2－5　平均成本一定和平均成本递减

a）平均成本一定　b）平均成本递减

6. 企业利润最大化产量和供给曲线

企业为了利润最大化而决定产量。收入是“价格 $P\times$ 产量 q”。在完全竞争市场里，个别企业与整体市场相比，规模较小。个别企业的产量对市场的影响可以忽略不计，所以，用给定的市场价格可决定产量。对于企业来讲，每增加一个单位的产量所获得的收入就是价格本身，每增加一个单位的产量所产生的成本就是边际成本本身。因此，只要价格大于边际成本，通过增产，可增加利润。相反，如果边际成本高于价格的话，通过减量，也能增加利润。为此，利润最大化产量，就是价格等于边际成本（$P=\mathrm{MC}$）。

供给曲线是指与各种价格相对应的企业的供给数量。当市场价格确定后，企业才能将价格与边际成本等同来进行生产，即边际成本曲线成为供给曲线。

不过，像图 2 - 4b 那样，某价格与边际成本等同时的产量如果存在两种情况时，边际成本递增时的产量带来利润最大化（就边际成本曲线成为供给曲线的问题，请参考下面“企业的生产临界点和进入、退出”）。

如图 2 - 5a 所示，当企业的价格高出边际成本时，可以进行无限量的生产；相反，低于边际成本时，就不能进行生产了。当价格等于边际成本时，产量无论是多少，利润都为零。

在图 2 - 5b 的状况下，由于平均成本大于边际成本，将生产调整到价格等于边际成本，此时利润为负。比如价格为 P'，产量为 q'时，由于平均成本是 AC'，因此会产生单位产量 $AC' - P'$的赤字，赤字额相当于图中长方形的面积（$AC' - P'$）q'。对于这种情况我们会在本书第 4 章里详述。

7. 固定成本和沉没成本

固定成本是指与生产无关而发生的成本。包括长期雇员的劳务费，因设备投资而带来的折旧费，汽车以及房地产的租赁费等。与固定成本相关的重要概念是**沉没成本**。沉没成本是指在已投入的成本中，退出经营时不能收回的成本。比如，企业在某年为做广告、研发和培养人才而投入的成本在退出时由于不能收回，就成为了沉没成本。生产设备在不能转用其他用途时，也成了沉没成本。相反，由于购入的汽车、办公大楼等可作为其他用途能在市场上出售，所以，其沉没成本相对较小。

8. 企业的生产临界点和进入、退出

对于用已投入的沉没成本来从事生产活动的企业来说，会在何种情况下停止生产和退出呢？此外，新企业在何种情况下进入呢？

首先，看一下短期情况。使价格等于边际成本来确定产量时，利润为零。在图 2 - 4b 中，点 A 就表示价格等于平均成本，这一点叫作**盈亏均衡点**。短期里价格低于点 A 时，如果考虑将来上升的可能性，价格只要不低于平均可变费用（$P \geqslant$ AVC）仍然可以继续生产。因为生产所获得的收入，可以收回全部可变成本和一部分固定成本。如果停业，固定成本部分就会产生赤字，所以通过生产可以减少赤字。图 2 - 4b 中平均可变成本的最低处与边际成本曲线的交叉点 B，叫作**操业停止点**。因此，短期供给曲线在边际成本曲线中，处在高出平均可

变成本的部分，即图 2-4b 中点 B 右上部分的边际成本曲线。

其次，再看一下长期情况。长期里不存在固定成本，所有成本都是可变成本。图 2-4a 中的总成本曲线中，由于不存在固定成本，总成本曲线通过原点向下方移动。同时，平均成本曲线也向下方移动。长期平均成本曲线还是呈 U 字形。边际成本通过平均成本的最小点，那一点正处在利润为零的盈亏均衡点上。如果长期价格处于盈亏均衡点之上，企业就会进入这样的市场。

那么，让我们考察一下退出的情况。值得注意的是，对既有企业来说，已投入的沉没成本，即使退出亦不能收回。因此，既有企业只要认定长期的赤字之和不超出沉没成本，就不会退出。换言之，即便每年都出现赤字，只要收入超出总成本扣除每年的沉没成本，就不会退出。因此，投入巨额沉没成本的企业可以说难以退出。（见本书第 11 章第 2 节）

2.4 市场均衡和经济福利

1. 市场均衡

那么，在完全市场中，让我们看一下市场均衡是如何实现的。市场需求曲线表现为对各类价格的各类消费者需求的总和。市场供求曲线存在短期和长期之别，短期的供求曲线是针对市场上企业的各类价格，即短期供给曲线的供给量的总和。价格取决于需求曲线和供给曲线的交点。因此，如图 2-6a 所示，市场价格为 P^*，产量为 Q^*。

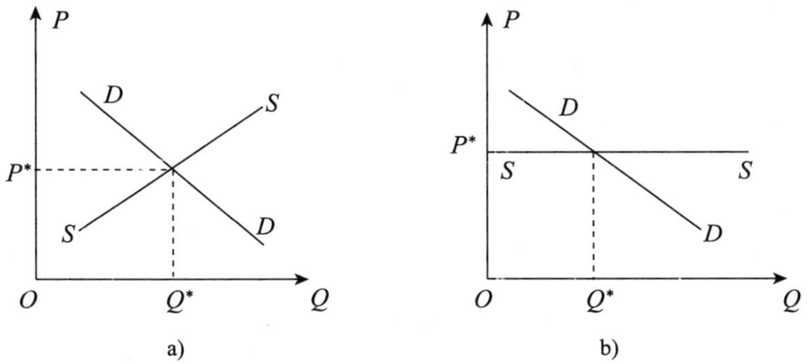

图 2-6 短期和长期的市场均衡

a）短期的市场均衡 b）长期的市场均衡

之后，让我们看看长期供给曲线。在忽视既有企业的沉没成本，各个企业都使用同一水准的技术情况下，在平均成本的最小点上可以画出一条水平的直线。如图2-6b所示，价格还是由需求曲线和供给曲线来决定的。此时，价格等于平均成本，利润为零。但是，由于企业的技术水准各异，对于各个企业，不同的厂家可利用的技术水准如果出现差异，那么，随着价格的提高，生产成本小的企业或厂家会依次进入市场，长期供给曲线会向右上增长。

2. 经济福利

至此，我们阐述了市场上发生的情况。下面我们再说明一下如何评价市场产生的结果。

经济福利是指测算经济行为的预期目标，大致可分为效率和公平两个基准。**效率**是判断现有的资源和技术是否合理地加以利用；**公平**是指社会所有成员间的待遇是否平等。效率是测算可分配的财富的大小，公平是指财富分配的方法。其中，经济学主要对效率加以议论。因此，经济学认为，效率提高了，社会全体成员可享受的份额就会增大，对社会整体来讲是必要的。份额的增加部分，比如通过收入的再分配，也可改善社会的不平等现象。对此，就公平来说，在判断基准上，在社会成员之间什么样的状态才是公平的，仍存在差异。在以公平为准的政策里很难形成统一的意见。另外，关于竞争政策，有一种说法叫作公平竞争，有关对非公平竞争加强管制的问题，可参照本书第11章第4节。

本书使用的总剩余的概念是测算效率的基准之一。总剩余是指消费者剩余和生产者剩余以及政府财政收支的总和。**消费者剩余**是指在某商品市场中消费者通过交易得到利益大小的指标，即可支付额总计为“需求曲线下面的面积-实际总支付额”。对于图2-7a来说，当价格为P'消费量为Q'时，消费者剩余用$\triangle AE'P'$来表示。

其次，**生产者剩余**是指商品生产能给企业带来多大利益的指标，即“实际取得的金额-供给时的最低金额”。前者指收入，后者指边际成本曲线下方的面积（如果企业能够得到至少等于边际成本的收入，就会追加供给）。并且，长期来看，边际成本的总和等于总成本；从短期来看，相当于可变成本。因此，从长期来看，生产者剩余等于“收入-总成本”，即所说的利润；从短期来讲，生产者剩余等于“收入 − 可变成本”，即“利润 + 固定成本”（利润 = 收入 − 可变成本 − 固定成本）。在图 2 − 7b 中，当价格为 P'、产量为 Q'时，生产者剩余用 $\triangle BE'P'$表示。

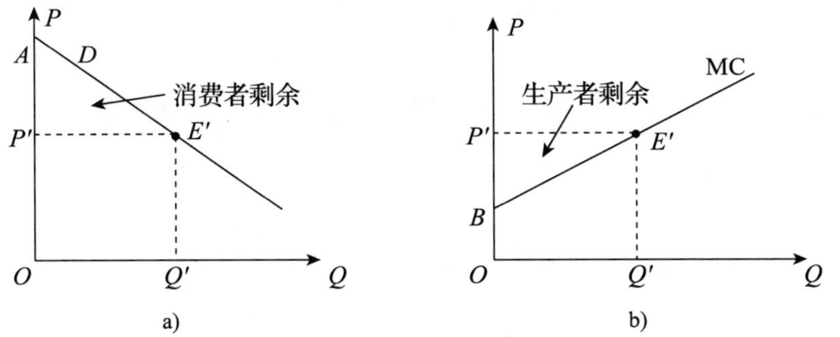

图 2 − 7　消费者剩余和生产者剩余

a) 消费者剩余　b) 生产者剩余

最后，政府通过征税和补贴等干预市场而产生的财政收支，如果出现盈余，就会用于减税、政府投资等各种用途，从而获得积极评价；相反，如果出现赤字，会增加税收，这将导致消极的评价。

3. 完全竞争市场的效率性

从总剩余最大化的意义上看，要想找到社会效率化的条件，可从完全市场均衡中实现。首先，寻找总剩余最大化的条件，即“总剩余 = 消费者剩余 + 生产者剩余 + 政府财政收支”。如果采用别的表现方式，可写成“（需求曲线下面的面积 − 消费者支出）+（企业收入 − 供给曲线下面的面积）+ 财政收支”。在这里，“财政收支 = 政府收入 − 政府支出”，如果考虑消费支出和政府支出之和等于企业收入和政府收入之和，那么“总剩余 = 需求曲线下面的面积 − 供给曲线下面的面积”。

因此，当图 2 − 8b 所展示的产量为 Q'时，即需求曲线的高度大于供给曲线时，增加生产量可以增加总剩余，相反，需求曲线的高度小于供给曲线时，减少产量，会增加总剩余。最佳的状况就是两者的大小相等，即需求曲线与供给曲线的交点。也可这样认为，处于某产量的需求曲线的高度表示消费者追加一个单位消费的支付额度；供求曲线的高度表示追加一个单位时生产的边际成本。

在某一产量中，当需求曲线的高度大于供给曲线时，对追加一个单位的产品而获得消费者的评价高于生产成本时，这就意味着社会希望生产。相反，供求曲线的高度大于需求曲线时，因减少生产能带来成本的削减，比消费者的低满意度要大得多，这就意味着社会希望压缩生产。

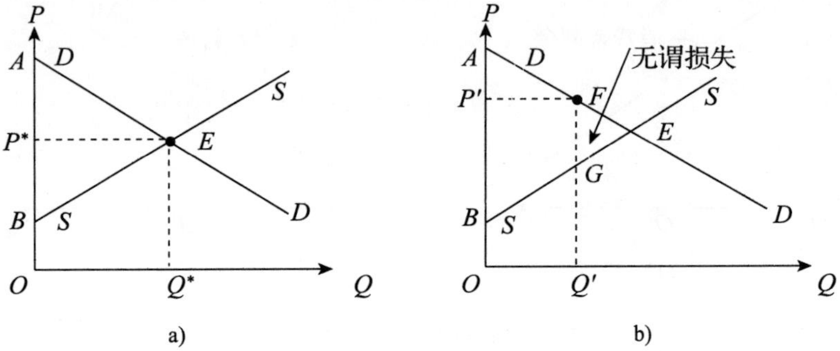

图 2－8　市场均衡的经济福利

a）效率性市场均衡　b）非效率市场均衡

如上所述，在完全竞争市场中，因需求曲线和供给曲线的交点达成了市场均衡，显而易见，“在完全竞争市场里，实现了社会整体的效率性”。

让我们展示一下完全竞争市场中的总剩余。图 2－8a 显示了在完全竞争市场中价格为 P^*，产量为 Q^* 的情况。此时，消费者剩余是 $\triangle AEP^*$，生产者剩余是 $\triangle P^*EB$，总剩余是 $\triangle AEB$。

那么，假使脱离完全竞争市场而做交易，总剩余该是如何呢？例如，如图 2－8b所示，由于某种原因，价格高出均衡价格为 P'，交易量缩减为 Q'。此时消费者剩余为 $\triangle AFP'$，生产者剩余为梯形 $P'FGB$，总剩余为梯形 $AFGB$。结果是，与完全竞争市场相比，总剩余减了 $\triangle FEG$ 部分。我们把该剩余方面的损失称作**无谓损失**。与完全竞争市场相比，当价格上升时，有关生产和消费的数量，每一单位的消费者剩余会减少，生产者剩余会增大，但总剩余没变。让总剩余减少的无谓损失，产生于价格高于边际成本、社会整体希望生产而没能生产的部分。

4. 市场失灵

前面，我们展示了在完全竞争市场中可实现的资源有效配置（生产，消费）

的情况。假如市场是完全竞争的，因市场在效率性这点上能实现合理的资源配置，所以，政府没必要对市场进行干预。如图 2 – 8b 所示，政府介入市场会导致价格和产量出现偏差，产生不期而至的无谓损失。

但是，市场也会出现效率不高的资源配置状况。我们称作**市场失灵**。产生市场失灵的原因之一就是外在性。所谓**外在性**是指某人的行为没有经过市场交易而给他人带来的影响。产生积极影响的称作正的外在性，消极影响的称作负的外在性。例如，因生产某一种商品，给他人的健康带来伤害的排污企业，会产生污染这种负的外在性，对整个社会来讲是成本，企业即使考虑到原材料的成本问题，也不会把排污当作私企成本来计算。其结果是过度生产。此时，政府适时地进行环境管制，可获得希望的结果。通过把净化污染的成本让企业负担，企业会考虑把污染当作成本来核算，会降低产量。如此，把从前不作为收益和成本的外在性加以考虑的问题，我们称作外在性的内部化。外部性的内部化是解决外在性问题的方法。（见本书第 12 章第 2 节）。

产生市场失灵的另一个原因就是市场支配力。所谓市场支配力是指能制定出高于成本价格的能力。本书通篇都在议论市场支配力的问题。如第 3 章所述，如果是垄断企业，可自由地制定价格。在通常情况下，因能定出高于完全竞争时的价格，使产量减少，从而形成了非合理的资源配置。对此，易形成的自然垄断行业又是什么呢？对自然垄断，人们希望采取什么样的管制和规制改革呢？这就是本书第 4 章和第 5 章议论的话题。进一步讲，在第 6 章和第 7 章，我们将学习寡占市场中企业行为的基础理论。然后，我们还将对寡头垄断和寡占市场中企业的行为、（即试图形成、维持、强化市场支配力行为的企业）政府如何测算市场支配力及政府如何做出人们希望的管制等做出分析。这些内容将在本书第 8 章到第 12 章中涉及。

参考文献

[1]マンキュー、N. G.（足立英之，石川城太，小川英治、地主敏樹、中馬宏之、柳川隆訳）[2005]「マンキュー経済学 I ミクロ編（第 2 版）」東洋経済新報社。

[2]柳川隆、町野和夫、吉野一郎[2008]「ミクロ経済学、入門－ビジネスと政策を読みとく」有斐閣。

练习题

1. 假定某企业要进行本期生产，如果其前期末投下的机械和设备的成本是100，这些机械和设备只用于本期的生产，如果不用于本期的商品生产，该企业就会从市场撤出，只能以40卖给其他企业；如果本期使用，下期时其价值会损失殆尽。计算一下这台机械设备本期可利用时的机会成本和折旧费是多少。此外，对于这样的企业，本期初始之时，已投入的机械和设备的沉没成本是多少？
2. 画出图2－4a中的长期成本曲线及图2－4b中的长期平均成本曲线和边际成本曲线。
3. 在图2－8里，请用图画出如果价格P'比P^*低时的无谓损失。

第 3 章　寡头企业的价格制定

导　论

本章主要阐述与完全竞争对立的寡头企业是如何制定价格和产量的。为了实现利润最大化，寡头垄断企业是如何制定价格的呢？它不仅制定单位价格，还使用二部收费、数量折扣、捆绑销售等各种价格手段来分割市场。企业是如何利用价格差异来制定价格的？这会给消费者剩余和生产者剩余带来多大的影响呢？

关键词

寡头垄断、价格制定者、垄断利润、价格差异、完全价格差异、市场分割、二部收费、数量折扣。

3.1　寡头企业的价格制定和非效率性

1. 寡头企业

在本书第 2 章里，主要阐述了完全竞争市场中多数企业的行为。与上一章相比，本章将列举市场中只存在一个企业的**寡头垄断**，说明垄断企业的价格制定等。下面，让我们列举一下垄断市场产生的原因。第一，在商品生产过程中，有必要明确垄断的生产要素，特别是专利被认为是技术垄断的特权。在生产某商品的替代技术不存在的情况下，专利的获得者垄断了该商品的市场。第二，在存在规模经济（产量越大，平均成本就越低——见本书第 4 章第 1 节）和消费网络的外部性（消费者越多，个体消费者的便利就越大——见本书第 12 章的小栏目）的前提下，也易于形成垄断。第三，受公共部门的管制而让进入受到制约的情况。即政府亲自垄断市场，赋予特定企业垄断性经营权的情形。例如，香烟、食盐等属于专卖公司（现在的日本香烟）；电报、电话等属于电电公社（现在的 NTT）。他们在私有化之前，都由公共社团垄断。

垄断市场和竞争市场最大的区别在于企业的市场支配力。换言之，是否具备定出超出成本价的能力（见本书第 9 章第 1 节）。有制定价格能力的，我们称作**价格制定者**。完全竞争市场的企业只能通过市场已有的价格来进行买卖，我们称之为**价格接受者**。垄断企业的情况是，由于市场需求成了所有垄断企业的需求，如果企业减产，就能高价销售；如果低价奏效，也可增产。垄断企业可选择需求曲线上任何一点的产量和价格的组合。

在公共部门垄断及政府认可垄断的情况下，针对价格政府实施了公共管制，企业不能自由定价。有关管制和管制下的企业行为，我们将在本书第 4 章阐述。在本章里，我们将着重说明私人垄断市场可自由定价的企业行为。

2. 寡头企业的定价

市场需求曲线对垄断企业来说就是需求曲线，企业要实现利润最大化可以在需求曲线上选择最佳点。利润是

$$\pi = R(Q) - C(Q)$$

不过，$R(Q)$ 表示产量函数的总收入，$C(Q)$ 表示产量函数的总成本。当产量每增加一个单位时，表示利润变化的边际利润是指单位产量收入的增加额（边际收入 MR）减去单位产量的成本增加额（边际成本 MC）。只要边际收入大于边际成本，通过增产就能增加利润。同样，当边际收入小于边际成本时，通过减产，也可增加利润。因此当边际收入等于边际成本时（MC = MR），其产量就是利润最大化产量。

既然收入是“价格 × 产量”，那么，也可写成 $R(Q) = P \times Q$。在垄断市场里，与完全竞争市场中把价格 P 作为给定的条件不同，价格和产量同时沿需求曲线而变化。也就是说，要想提高产量，就必须把价格降下来。价格作为产量函数，可写成 $P = P(Q)$。对于完全竞争市场中的企业，边际收入等于价格；在垄断市场中，如果增产，价格就会下降，因此，边际收入小于价格。例如，一个物品售 1000 日元。如果卖出 10 个，收入就是 10000 日元。当产量每增加 1 个时，价格减少 10

元，那就是 990 日元。收入就是 990（日元/个）×11 个 =1 万 890 日元。边际收入是 890 日元。当产量每增加 1 个、而价格不变的情况下，收入会增加 1000 日元。实际上，单位价格降了 10 日元。由此，我们得出，收入只减少了 10（日元/个）×11 个 =110 日元。因为边际收入等于 1000 日元 -110 日元 =890 日元。

那么，让我们求一下利润最大化产量吧！如图 3-1 所示，需求曲线 *DD* 呈右下分布。由于价格随产量的增加而下降，边际收入曲线 *MR* 和产量一起变小。此外，由于边际收入小于价格，边际收入曲线 *MR* 处于需求曲线 *DD* 之下。

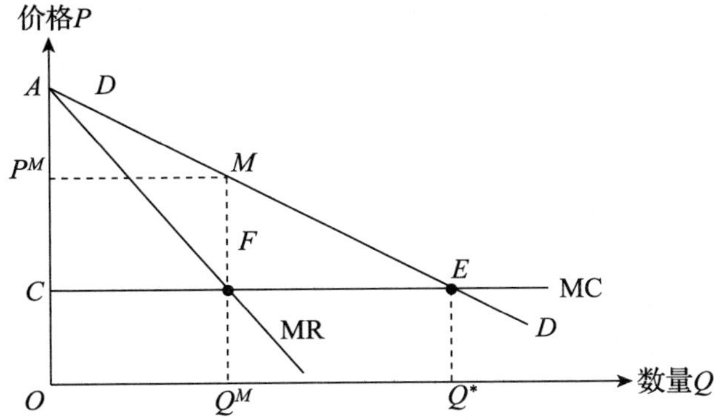

图 3-1　垄断价格和非效率性

边际成本如果是 MC，那么企业会在 MC = MR 时的 Q^M 点上选择产量，此时的利润最大。在定下产量后，为了让需求和供给相等，价格取决于需求曲线上的 *M* 点。图 3-1 上的 *M* 点向我们展示了垄断市场的产量和价格，即，产量是 Q^M，价格是 P^M 的组合就是垄断均衡。垄断均衡时利润被称作**垄断利润**，其大小用图中矩形 $P^M MFC$ 的面积来表示。

然而，这个企业如果像完全竞争市场那样，即以价格等于边际成本来供给的话，均衡点就是 *E*，产量为 Q^*，价格为 P^*。而垄断均衡与之相比，产量减少、价格升高。

另外，让我们用数式表示一下垄断均衡吧。即市场需求曲线 *DD* 用 $P = 70 - Q$ 表示。在这里，*P* 是市场价格，*Q* 是市场整体产量。假定企业的成本函数是 $C = 10Q$。那么，这就表示，生产中没有固定成本，边际成本等于平均成本，即等于 10。如果把两者整合的话，利润为

$$\pi = R(Q) - C(Q) = (70 - Q)Q - 10Q = -Q^2 + 60Q$$

如果把此二次函数变形为 $\pi = -(Q-30)^2 + 900$，则右侧的第一项要么是负数要么是零值，当 $Q=30$ 时，利润最大，即垄断利润是 900。

此外，用微分的概念来计算也能求得结果。在产量 Q 的基础上，当数量只略微增加 ΔQ 时，收入增值 ΔR，根据 $R=(70-Q)Q=70Q-Q^2$，可得出

$$\begin{aligned}\Delta R &= R(Q+\Delta Q) - R(Q) \\ &= 70(Q+\Delta Q) - (Q+\Delta Q)^2 - (70Q - Q^2) \\ &= 70\Delta Q - 2Q\Delta Q - (\Delta Q)^2\end{aligned}$$

因 $(\Delta Q)^2$ 是小数的平方，得数就更小，所以可以忽略不计。如果省略了该项，那么，

$$\Delta R = 70\Delta Q - 2Q\Delta Q$$

因边际收入是随着微小的 1 个单位产量的增加而增加，我们将其定义为 $\mathrm{MR} = \dfrac{\Delta R}{\Delta Q}$，即 $\mathrm{MR} = 70 - 2Q$。当需求曲线的直线方程式 $P = 70 - Q$ 时，边际收入曲线和纵坐标的切点相同，其特点是斜率为需求曲线的两倍。另外，由于边际成本是 10，边际收入等于边际成本就意味着，从 $70-2Q=10$ 中可求得 $Q=30$。

3. 垄断价格的非效率性

让我们展示一下在垄断均衡 M 的情况下资源配置的非效率性问题。当产量为 Q^M 时，价格 P^M 高出边际成本 MC。这是垄断企业让边际收入等于边际成本来组织生产的。由于价格 P 大于边际收入 MR，因此，$P \geqslant \mathrm{MR} = \mathrm{MC}$ 的关系成立。消费者可支付的限额是 P^M，其大于边际成本说明：每增加 1 个单位时的社会价值（支付额）高于成本（边际成本）。因社会希望增产，而处于垄断均衡时的产量却小于最佳产量，因而是非效率的。

非效率的大小在图 3－1 中表现为垄断均衡中剩余的减少。因消费者剩余为 $\triangle AMP^M$，生产者剩余是矩形 $P^M\ MFC$，因此，总剩余为梯形 $AMFC$。对此，如果要实现价格等于边际成本时 E 点的价格和产量，消费者剩余应为 $\triangle AEC$，生产者剩余应为零，总剩余应为 $\triangle AEC$。如果我们再做一下进一步的比较就会知道：在垄断均衡中，消费者剩余较小，生产者剩余较大，而总剩余却减少了。因垄断而导致的总剩余的减少部分 $\triangle MEF$ 是指非效率的无谓损失。

3.2 价格差异的手段和效果

1. 完全价格差异

在本章第1节里，企业考虑对所有消费者用同一价格销售。于是，收入 R 就是"价格 $P\times$产量 Q"，收入与产量成比例。相反，企业把同一商品和服务用不同的价格出售叫作**价格差异**。如果能实施价格差异，就能获得更多的利润。在以下的章节里，让我们看看各种价格差异的方式和其对效率的影响。

举一个极端的价格差异的事例。假定当消费者只挑一种商品购买时，企业对个别消费者可以用不同的价格销售，并且，企业还知道个别消费者的支付额度。如果消费者将购入的商品能够转卖，即使企业用不同的价格销售，因消费者采取低买高卖的策略，所以，价格差异不起作用。于是，我们假定转卖不成立。在这种情况下，企业为了实现利润最大化，就会对各个消费者用支付额等于价格来出售商品，从而剥夺全部消费者剩余。因此，剥夺全部消费者剩余的价格差异被称作**完全价格差异**。

企业只要按价格高出边际成本组织生产，产量就是图3-1中的 Q^*。利润，即生产者剩余就是 $\triangle AEC$，消费者剩余为零。通过完全价格差异，垄断企业的生产者剩余大于均衡价格 P^M 时的矩形 P^M MFC。并且，因价格等于边际成本，总剩余获得最大化，因而不会出现无谓损失。消费者剩余则变为零。由于全部剩余转移到了企业，从剩余配置的观点来看，与均衡价格的情况相比，虽然出现不公平，但完全价格差异不仅提高了企业的利润，还达成了对于社会来说的效率性。

2. 价格差异的执行手段

为达成完全价格差异，常设有非常严格的条件，因此存在非现实性。作为现实手段，我们将在本章第3节里讲述市场分割，在本章第4节里论述二部收费、数量折扣、捆绑销售等。**市场分割**，是指以某种信息为依托，把顾客分成若干组，对不同组采取不同的价格策略。根据不同的时间段、星期、季节、男女、大人和小孩等信息，采取不同的价格。在高峰时采取高价位，闲暇时采取低价位等。例如，大城市的商务酒店平日价位高，周末或节假日价位就低；相反，旅游地的酒店平时价格便宜，休息日就把价位抬高。一般来说，市场分割就是给需求的价格弹性不敏感的人（即使涨价，也不减少消费的人）设定高价位（见本书第2章第2节）；给价格弹性敏感的人（价格降了，就增大消费的人）设定低价位。因此，企业可从中获利。

对此，二部收费、数量折扣、捆绑销售等所导致的价格差异，在消费者需求的价格弹性中存在大小的差异。在没有市场分割信息的情况下，通过提供价格单来实施价格差异。我们可从消费者理性选择的菜单中了解到该消费者的类型。**二部收费**是指像公共价格那样，与使用量无关而支付的固定价格（基本价为 T）和根据使用量而支付使用费用（使用费 $P\times Q$）的两种形式。大学里的入学金和学费都属于二部收费。二部收费用数学表达式表示则是：收入 R 是 $T+P\times Q$。两边用 Q 来除的话，即为：每一个单位的平均价格是 $\frac{R}{Q}=P+\frac{T}{Q}$，购量 Q 越大，单位产品的平均价格 $\frac{R}{Q}$ 就越低。这表示二部收费和下面论述的数量折扣是相同的。

数量折扣是指购入量越大，单位价格就越低。最单纯的数量折扣是指购买量未超过某一数量 Q^* 时，单价是 P'，这个单价较高，但超出这一数量后，单价就降至 P''，这里 $P'>P''$。可以写出下列表达式：

当 $Q\leqslant Q^*$ 时，$R=P'Q$

当 $Q>Q^*$ 时，$R=P'Q^*+P''(Q-Q^*)$

在这里，如果假定 $T^*=(P'-P'')Q^*$ 的话，第二个数式可写成 $R=T^*+P''Q$，对于大量购买的消费者来说，数量折扣和二部收费形式相同。

此外，像游戏机和软件那样，将互补性商品做捆绑销售，也是二部收费的一种。(有关捆绑销售，详见本书第12章)。换句话说，如果把游戏机本身的价格作为固定价格，把游戏软件的价格作为使用价格来考虑的话，这个形式也和二部收费相同。

在本章第3节里，我们将观察市场分割的方式以及对总剩余的影响；在本章第4节里，将分别用二部收费、捆绑销售来分析设定价格差异的方式和价格差异对总剩余的影响等。

3.3 市场分割带来的价格差异

在本节中，让我们看一下实施市场分割的企业是如何增加利润的。前面提到，由于收入是用价格乘以数量来表示的，因此，收入的变化比率就是价格的变化比率和产量的变化比率之和。当写成“收入 R = 价格 $P \times$ 生产量 Q”时，如果出现价格为 ΔP，产量为 ΔQ 这样的变化时，那么收入 $R = PQ$ 的变化额 ΔR 可写成

$$\Delta R = (P + \Delta P)(Q + \Delta Q) - PQ = Q\Delta P + P\Delta Q + \Delta P\Delta Q$$

由于 $\Delta P\Delta Q$ 数值非常小，可以忽略不计，变为 $\Delta R = Q\Delta P + P\Delta Q$

如果数式两边用 $R(=PQ)$ 来除，那么收入的变化率$\frac{\Delta R}{R}$ = 价格的变化率$\frac{\Delta P}{P}$ + 产量的变化率$\frac{\Delta Q}{Q}$成立。另外，$\frac{\Delta R}{R} = \frac{\Delta P}{P} + \frac{\Delta Q}{Q}$的关系如果用需求的价格弹性的定义 $\varepsilon = -\frac{(\Delta Q/Q)}{(\Delta P/P)}$重新改写的话，即为

$$\frac{\Delta R}{R} = \frac{\Delta P}{P}\left(1 + \frac{\Delta Q/Q}{\Delta P/P}\right) = \frac{\Delta P}{P}(1 - \varepsilon)$$

换言之，收入的变化率 = 价格的变化率 × （1 − 需求的价格弹性）。

对于以下的议论，我们不考虑成本，或者说假定价格早已减去了平均成本。于是，这就是所谓的收入等于利润。

现在，假设在某个市场中，此时垄断企业在销售商品时没有实施价格差异策略，需求的价格弹性为 1，收入或者说利润最大。

此时，价格如果上升1%，需求量就会下降1%，收入没有变化$\left[\frac{\Delta R}{R} = 1 \times (1-1) = 0\right]$。同样，即使价格下降，收入也不变。对此，如果弹性不是 1，通过价格变化可以增加利润。例如，如果弹性小于 1，为 0.5 的话，当价格提升 1% 时，产量只减少 0.5%，由于价格提升 1%，使利润增加了$\left[\frac{\Delta R}{R} = 1 \times (1-0.5) > 0\right]$。同样，当弹性大于 1 时，通过降低价格，也可以增加利润。

那么，假定我们利用某种信息，可以把市场分为需求的价格弹性大的市场和需求的价格弹性小的市场，并且，弹性小的市场弹性为 0，弹性大的市场

弹性为2。此时，弹性为0的市场的价格上升1%，弹性为2的市场的价格降低1%。于是，在弹性为0的市场里，即使价格上涨，需求也不减少，由于价格升1%，收入也增加1%$\left[\frac{\Delta R}{R}=1\times(1-0)\right]$。对此，在弹性为2的市场里，价格下降1%，在产量没变的情况下，收入减少1%。事实上，产量由于增加2%，收入会增加1%$\left[\frac{\Delta R}{R}=-1\times(1-2)\right]$。在各自的市场里，弹性如果小于1，那么就提价；弹性如果大于1，就降价。这样就增加了利润。因此，企业的需求价格弹性如果可分为大于1的市场和小于1的市场，那么，弹性小的市场就要提价，弹性大的市场就要降价。通过实施价格差异策略，从而达到增加利润的目的。

常见的市场分割策略就有航空市场中运费的自由化。由于空座不产生收入，只会产生成本，这样航空公司就制定出多种提高搭乘率的价格体系。一般来讲，商务人员由公司付费，需求的价格弹性比较小；而旅游者是自费，弹性较大。此外，出发之前购票的大多是商务人员或有急事的旅客，而游客都会事前制订旅行计划。所以，对早期预约的游客制定便宜的价格；而对商务人员制定较高价格。对航空公司来说，这是合理的。面向游客的折扣价预约后难以变更，就是考虑了商务人员易于变更的情况（不会搭便车）。此外，对商务人员和游客来说，利用飞机的时间也不同。商务人员平时利用的多，而游客是周末利用的较多。因此，在美国，利用周末在旅游地度假这个信息，给游客价格上的优惠早已司空见惯。

市场界定和效率性

如果进行市场分割，企业可增加生产者剩余。此时，消费者与同一价格时相比，可分为两个团体，即高价团体和低价团体。因降价而多消费的团体，消费者剩余大；相反，因涨价而减少购物的团体，消费者剩余就小。从社会总体利益来看，要考虑消费者剩余和企业剩余这两个方面。在总产量减少的情况下，或者总产量即便增加，低弹性团体消费者剩余的减小也较大。并且，在其还超出高弹性团体消费者剩余和生产者剩余之和的情况下，总剩余就小。在许多情况下，弹性小的市场由于提价，产量减小幅度较小；在弹性大的市场里，由于减价，产量增幅较大。因此，从总体上看，总剩余增加的可能性增大。特别是当存在同一价格时，由于存在因高价而不能消费的团体，对持续消费的团体不能进行提价的同时，给无消费的团体减价，可创造出新的需求，从而增加总剩余。

在航空运输业，产生多种价格体系的结果是，虽然不能进行线路变更等一些不自由的附加条件，但如果运行顺畅，以游客为中心的低价位会进一步促进航空服务的发展。可以说票价的自由化给消费者带来了好处。的确，普通票价虽然上涨了，但因价格做了伸缩性调整，普遍认为搭乘率反而提高了。这也有利于回收固定成本。这样，可部分回避普通票价的上涨。此外，由于乘客的增加，还可确保许多航班的飞行。通过实施价格差异策略，价格弹性低的团体也会间接受益。

3.4 二部收费制和搭售行为

1. 二部收费制和完全价格差异

在本章第1节里，我们对完全价格差异的说明是：假定消费者分别购买一个单位的情况。下面，我们根据每个消费者的需求曲线思考一下购进多个数量的情况。为了简化说明，如图3－2所示，我们把所有的消费者的需求曲线都当作 DD，边际成本固定为 c。此时，企业由于用了二部收费制，自然是获得了全部剩余、实施了完全的价格差异策略。所谓二部收费制，是以固定收费（基本费 T）和使用收费（使用费 PQ）的形式来收取的。所以，收入 R 是 $T+\text{PQ}$。

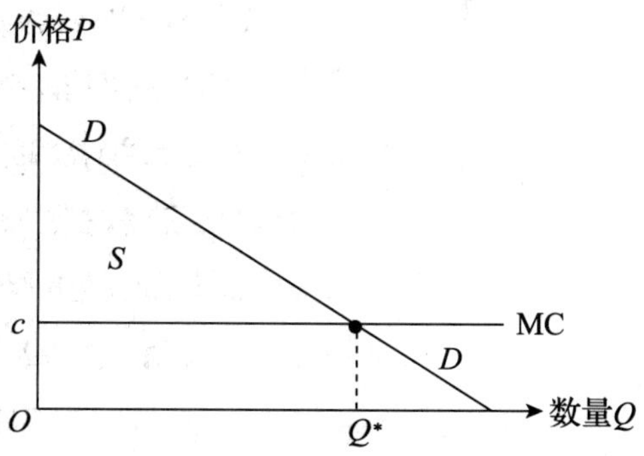

图3－2　二部收费引起的第1类价格差异

其次，企业如果让使用收费等于边际成本 c，消费者会购入 Q^* 数量，消费者剩余就是 S 的大小。从使用收费那里不存在生产者剩余而把消费者剩余 S 当作固定收费来设定，我们可以从消费者手中获得最大的总剩余。此时，消费者剩余为零，剩余全归企业所有而不发生无谓损失，从而达成了效率。但是，效率性是通过企业剩余的增加而达成的，这和本章第 2 节中的完全价格差异一样，由于消费者剩余的降低，这对消费者来说是不公平的。

2. 二部收费制导致利润增加

如前所述，我们认为消费者拥有相同的需求曲线。接下来，我们把消费者分成两个团体。如图 3－3 所示，需求大的团体需求曲线为 DD，需求小的团体的需求曲线为 dd。需求大的团体和需求小的团体相比，在同一价格消费时所获得的消费者剩余就大。为了简便，我们假设各个团体都由一个人组成，边际成本 c 固定不变。如果知道消费者属于哪个类型，如前所述，只要设定使用收费等于边际成本和固定收费等于消费者剩余就可以了。

但是，在不知道消费者是属于哪个类型的情况下，就不能实施二部收费制。如果存在使用收费相同、固定收费高和低的计划，需求大的消费者就会选择较低的固定收费。所以，让我们利用多个收费计划，思考一下价格差异吧。如像手机话费那样，它向我们展示了多个费用计划，通过让消费者选择适合自己的计划而提高利润。

让我们看一下图 3－3 和表 3－1。

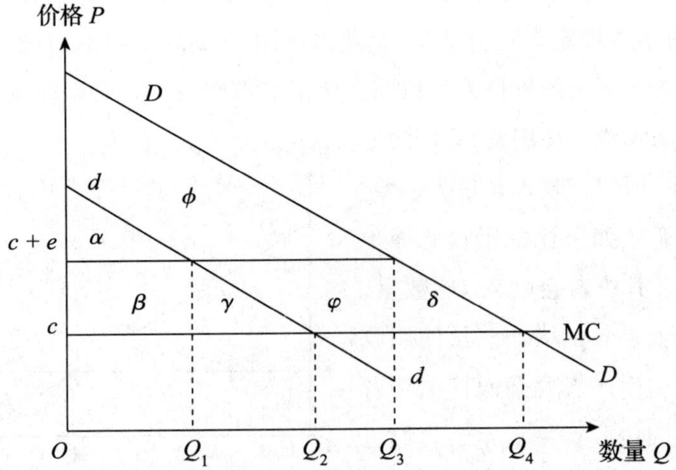

图 3－3　二部收费引起的第 2 类价格差异

表 3 - 1 收费栏目和生产者剩余

	使用收费	固定收费	生产者剩余 （使用收费的利润 + 固定收费利润）
①	$P=c$	$\alpha+\beta+\gamma$	$0+2(\alpha+\beta+\gamma)$
②	$P=c$	$\alpha+\beta+\gamma+\phi+\varphi+\delta$	$0+(\alpha+\beta+\gamma+\phi+\varphi+\delta)$
③	$P=c+e$	α	$(2\beta+\gamma+\varphi)+2\alpha=2(\alpha+\beta)\ +\gamma+\varphi$
④	$P=c+e$	$\alpha+\phi$	$(\beta+\gamma+\varphi)+(\alpha+\phi)=\alpha+\beta+\gamma+\phi+\varphi$
⑤ （i） （ii）	$P=c+e$ $P=c$	α $\alpha+\beta+\gamma+\varphi+\varepsilon$	$\beta+\alpha$ $0+(\alpha+\beta+\gamma+\varphi+\varepsilon)$ 合计 $2(\alpha+\beta)\ \gamma+\varphi+\varepsilon$

首先，当使用收费等于边际成本 c 时，需求大的消费者的消费者剩余是 $\alpha+\beta+\gamma+\phi+\varphi+\delta$。其次，需求小的消费者由于只购入 Q_2，消费者剩余 $\alpha+\beta+\gamma$。因此，①如果将固定收费等于小的消费者剩余时，生产者剩余只能从 2 个人的固定收费中获得，即 $2(\alpha+\beta+\gamma)$。此外，②如果使用收费为 c，固定收费等于需求大的消费者剩余如果是 $\alpha+\beta+\gamma+\phi+\varphi+\delta$，那么，需求小的团体就不会购入，生产剩余就是 $\alpha+\beta+\gamma+\phi+\varphi+\delta$。因此，如果 $\alpha+\beta+\gamma$ 大于 $\phi+\varphi+\delta$，即需求小的消费者需求较大时，企业会选择能同时对两个消费者销售的固定收费。在这里，我们假设这种状况成立。

其次，假设使用收费高于边际成本 $c+e$，需求量小的消费者会购入 Q_1，需求量大的消费者会购入 Q_3。此时，③如果固定收费是 α，生产者剩余按使用收费来看应该是 $2\beta+\gamma+\varphi$，从固定收费那里可得到 2α，合计共得到 $2(\alpha+\beta)+\gamma+\varphi$。另一方面，④如果把使用收费用 $c+e$ 表示、固定收费用 $\alpha+\phi$ 表示的话，需求量小的消费者不会购入，生产者剩余从可变成本中得到 $\beta+\gamma+\varphi$，从固定收费那里得到 $\alpha+\phi$，总计 $\alpha+\beta+\gamma+\phi+\varphi$。这比②时的生产者剩余小，所以，不会采用。在这里，与①和③的情形相比，φ 如果大于 γ 时，③的生产者剩余就大，价格的增加部分 e 如果很小，γ 小得可以忽略不计，所以 $\varphi>\gamma$。使用收费高出边际成本，因此可提高利润。

再者，当使用收费为 $c+e$，固定收费为 α 时，由于增加了新的收费栏目，是否意味着可以提高收益呢？除了使用收费 c 之外，我们将固定收费设定为 $\alpha+\beta+\gamma+\varphi+\varepsilon$（不过，$\varepsilon$ 是一个小数）。⑤向我们提示了两个收费名目：（ⅰ）是使用收费为 $c+e$，固定收费为 α 的收费栏目；（ⅱ）是提示了使用收费为 c，固定收费为 $\alpha+\beta+\gamma+\varphi+\varepsilon$ 的 2 个收费栏目，以供消费者选择。此时，需求量小的消费者会选择（ⅰ）收费名目；如果选择（ⅰ），消费者剩余为零；如果选择了（ⅱ），消费者剩余为 $-(\varphi+\varepsilon)$。对于需求量大的消费者来说，从（ⅰ）的收费名目中得到消费者剩余是 ϕ，从（ⅱ）中的得到的消费者剩余是 $\phi+\delta-\varepsilon$，如果 ε 是个小数，那么 $\delta>\varepsilon$，于是消费者会选择（ⅱ）的收费栏目。企业通过这一连串的新的价格设定，从需求量小的消费者那里，基于使用收费的 β 和固定收费的 α 之和获得 $\beta+\alpha$ 的利润；从需求量大的消费者那里，基于固定收费获得 $\alpha+\beta+\gamma+\varphi+\varepsilon$ 的利润，合计利润为 $2(\alpha+\beta)+\gamma+\varphi+\varepsilon$，与单一收费名目③做对比，利润可增加 ε。

如此一来，如果提供几个收费栏目，即（ⅰ）的“高出边际成本的使用收费和（相对）较低的固定收费”、（ⅱ）的“等于边际成本的较低的使用收费和（相对）较高的固定收费”可供展示。需求量小的团体选择前者，需求量大的团体选择后者。所以，与单一的收费名目相比，企业可提高利润。

3. 二部收费制和效率性

在本节中，通过二部收费制，将展示效率性得到改善情况。图 3－3 所示为超出边际成本的需求量小的团体的使用收费，这种情况低于第 1 节所描述的均衡垄断价格。图 3－4 中的需求曲线 dd 是需求量小的团体的需求曲线。P^M 是对需求量小的消费者的垄断价格（不过，市场中还存在需求量较大的消费者，因此市场整体的均衡垄断价格高于 P^M）。企业可从使用收费 P^M 那里得到生产者剩余矩形 P^MMDC、从固定费用那里得到 $\triangle AMP^M$。在此，使用费用由 P^M 到 B，只降了 e。因此，企业从使用收费 P^M 那里可获得生产者剩余是矩形 $BNEC$，从固定收费那里得到 $\triangle ANB$，所以，可增加利润。这样，需求量小的团体的使用收费虽高出边际成本，但要低于均衡垄断价格。另一方面，如前所述，需求量大的团体的使用收费等于边际成本。

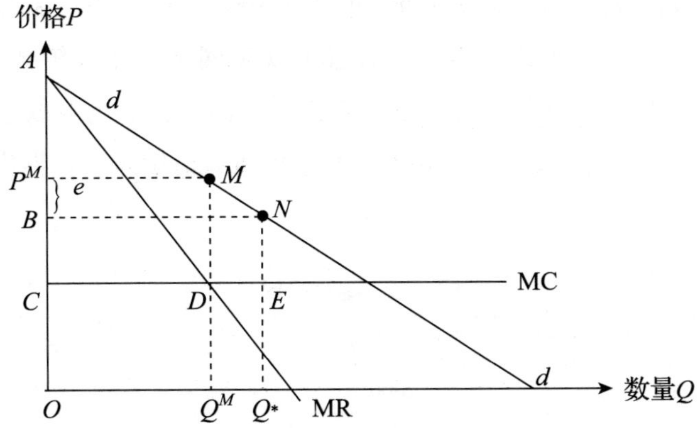

图 3-4　二部收费中的使用价格和垄断价格

所以，因实施了二部收费，使实际价格和边际成本之差变小，这不仅增加了企业利润，也在对各自消费者的消费中增加了总利润。很显然，二部收费引起的价格差异，改善了效率。不过，如前所述，需求较大的消费者剩余为正值，虽说与同一价格时相比，其大小还不清楚，因需求小的消费者剩余为零，与同一价格时相比，其剩余下降了。在这点上，虽说有损于公平性，但对产量来说却是有效率的。

4. 搭售行为

所谓搭售是指在销售主要商品时，将互补的、从属的商品配在一起销售的情况。比如，游戏机和游戏软件、打印机和墨盒、电梯和维修保养等分别是主产品和附属产品的组合式销售。此时，为了获得收益，有时将附属产品卖高价，主产品卖低价。如果将主产品的支出作为固定收费，附属产品的支出当作使用收费的话，那么，搭售也可视为二部收费。此外，附属产品的使用量越大，单位附属产品的主产品的成本（平均固定成本）就越小，这也可看成是数量折扣。

5. 捆绑行为

让我们说明一下搭售在提高利润的同时，还增加了总剩余的可能性问题。在前面的论述中，我们推测到搭售具备了二部收费的性质，因而增加了剩余。

在这里，让我们举几个捆绑的具体事例吧。在搭售中，当主产品和附属品的比率被固定时，我们称作捆绑。例如，有线电视和网络的捆绑销售等。在这里，我们还是对成本问题忽略不计。针对消费者 *A* 和消费者 *B* 的有线电视和网络的支付额，见表 3 - 2，如果对两个消费者不进行捆绑销售而进行零售的话，可采用统一价格。

表 3 - 2　捆绑的例子

	有线电视	互联网
消费者 A	2000	3000
消费者 B	3000	1000

那么，有线电视是 2000 日元，网络是 3000 日元，由此，消费者 A 签有线电视和网络的费用共计 5000 日元，消费者 B 由于只签有线电视（2000 日元），此时收益只有 7000 日元。对此，如果实施捆绑销售，我们将有线电视和网络两者合计 4000 日元的话，两消费者同时签约，收益就增加到了 8000 日元。因此，通过捆绑销售，企业可增加利润。

让我们调查捆绑销售引起的剩余的变化吧。在零售的情况下，消费者 A 的剩余为零，消费者 B 的剩余为 1000 日元。加上生产者剩余 7000 日元，总剩余是 8000 日元。对此，在捆绑销售的情况下，消费者 A 的剩余为 1000 日元，消费者 B 的剩余为零，再加上生产者剩余 8000 日元，总剩余就是 9000 日元。由此，捆绑销售不仅增加了收益，也增加了总剩余。捆绑销售之所以能带来收益，是因为可获得更多的消费者的支付许可额。总剩余之所以增加，是因为有了可超出成本支付许可范围的消费者，没有捆绑时就没有购入，但有了捆绑时就有了购入。

小栏目 2

东京迪士尼乐园的价格差别

表 3 - 3 向我们展示了东京迪士尼陆地和迪士尼海洋两个主题公园的门票情况。在东京迪士尼陆地（TDL）和东京迪士尼海洋（TDS）中，让我们按顺序考察它的价格差异策略吧！

表3-3　东京迪士尼乐园门票费

门票种类	大人（18岁以上）	青少年（中学生—高中生）	孩子（幼儿—小学生）
一天门票	5800日元	5000日元	3900日元
两天门票	10000日元	8800日元	6900日元
三天门票	12900日元	11500日元	8900日元
四天门票	15000日元	13500日元	10500日元

注：2008年9月。

首先，采用护照收费制，即包括所有活动的门票费。这“二部收费制和完全价格差异”相似。TDL和TDS的护照收费不采用使用收费（活动收费），而只采用固定收费制。虽然希望在使用收费上征收与边际成本相等的使用费（或者比之高的价格），但是当游玩设施的追加使用者的边际成本在接近于零时，把使用收费当作零，只取固定收费可以说是一种合理的收费制度。在迪士尼岛诞生以前，日本的游乐园都是双重收费，即门票费和游玩设施费。这一收费制可以说是划时代的。

其次，依据年龄进行价格差别，可以认为这是根据需求的价格弹性或是支付许可额度的大小而实施的价格差异。虽然不同年龄的价格差异司空见惯，但由于青年人和儿童的收费与大人相比并不低，可以认为青年人和儿童（事实上，是他们的父母的）需求的价格弹性相对较小。

再次，随着护照的有效期限拉长，普遍认为追加收费呈递减趋势，这顺应了支付许可额度随着利用时间的延长而递减的趋势。在价格调整中，对于一天至两天的护照，进行涨价的同时，对于三天至四天的护照，做出降价的调整。这是希望顾客长期滞留，同时期待增加住宿和购物的收入。

参考文献

[1] 柳川隆、川濱昇編[2006]「競争の戦略と政策」有斐閣。
[2] Cabral, L. [2000] *Introduction to Industrial Organization*, MIT Press.
[3] Church, J. and R. Ware [2000] *Industrial Organization: A Strategic Approach*, McGraw-Hill.
[4] Tirole, J. [1998] *The Theory of Industrial Organization*, MIT Press.

练习题

1. 找出价格差异的事例，论述一下那是一种什么样的价格差异。
2. 请对“对顾客以不同的价格销售是不公平的，应该禁止”这种意见加以论述。
3. 思考一下表3－2中不进行捆绑销售而能增加收益的数值是什么。

第 4 章　自然垄断和管制

导　论

20世纪70年代，美欧日等发达国家对电力、煤气、自来水、通信、广播、铁路等行业普遍实行了国有、公有性质的垄断并赋予这些行业垄断的权力并采取了进入管制等措施。然而，从20世纪70年代到80年代，美国对这些行业实施了大规模的管制松动；英国也实现了国有企业的私有化。1993年11月1日成立的欧盟，为了顺利实施2002年欧洲单一货币——欧元的发行，从20世纪90年代后半期开始，逐步实现了管制松动和私有化。同样，日本也在20世纪80年代将国有铁路（Japan Railway，JR）、电信-电话公司等进行了私有化改造，到了20世纪90年代后期，基本上实现了管制松动和私有化。为什么要在电力、煤气、自来水、通信、广播、铁路等行业实施国有制、公有制、进入管制以及赋予这些行业垄断权呢？为什么在许多行业中要实行私有化和管制松动呢？管制松动和私有化是目前重要的政策难题之一。为此，我们学习一下它的背景。

关键词

产业创立成本、规模经济、自然垄断、成本递减行业、平均成本价格管制、公平报酬率管制、阿帕奇-杰克逊效应、动机、一般服务管制、X非效率性、动态非效率性、软性预算制约问题、政府监管、俘获理论、寻租行为、政府失灵、动机管制、价格上限管制、齿轮效应、标准法管制。

4.1　成本递减产业和自然垄断

1. 产业创立成本和规模经济

在电力、煤气、自来水、通信、铁路等行业里，为什么会让国有、公有企业实施垄断经营而采取进入管制呢？首先，让我们思考一下经济学上的依据吧！

这些行业的一个共同特征就是**产业创立成本**非常大。换言之，在行业创立时需投入巨额资金。例如，电力行业需建发电站、变电设施、铺设送电线路等；铁路行业必须铺设轨道和建车站等。这些都需投入巨资。因此，像电力、煤气、自来水、通信、铁路等行业，由于创立初期成本较大，自然产生了有别于其他行业的新问题。

正如在本书第2章所阐述的那样，对一般情况下的企业来说，平均成本曲线、边际成本曲线都呈U字形。对图4－1来说，我们描述了一般企业的平均成本曲线（AC）和边际成本曲线。平均成本曲线呈U字形表示当产量达到某一水准时，平均成本曲线呈右下分布。随着产量的增加，单位产品的成本（平均成本）会减少。由于上述的平均成本曲线呈右下分布，产量越增加，单位成本（平均成本）就越小的状况称作**规模经济**。对于图4－1而言，直至产量 q^* 为止，都存在着规模经济。

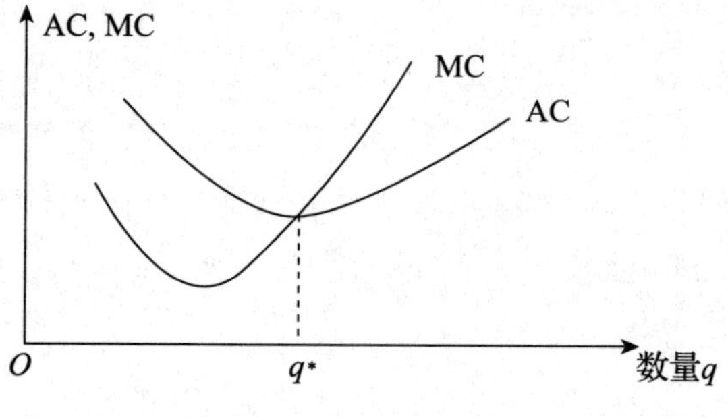

图4－1　一般企业的平均成本曲线（AC）、边际成本曲线（MC）

2. 自然垄断

某种产品由一个企业生产与由多个企业生产相比，其总成本会很小，这种状况我们称之为**自然垄断**。

一般来讲，固定成本之一的设备成本越大，规模经济的产量水准就越高。对于企业来讲，由于许多创立成本属于固定成本，且成本越大，规模经济的产量水准就越高。像电力、煤气、自来水、通信、铁路等创立成本高的行业，都是规模经济较大所导致的，也就是说在平均成本曲线（AC）和市场需求曲线

（DD）的交点处，平均成本是向右下分布的。我们称这样的行业叫作**成本递减行业**，如图4－2所示。

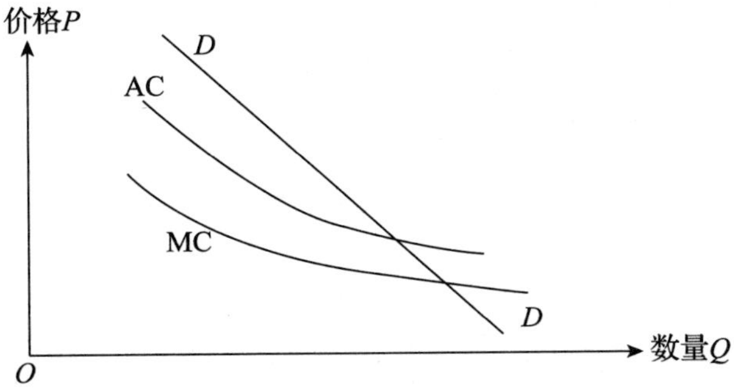

图4－2　成本递减行业

对成本递减行业来说，会出现自然垄断。由于成本递减行业的创立成本巨大，两个企业的同时存在会在创立成本上产生双重投入，从而造成社会浪费。此外，由于创立成本过于庞大，如果两个企业同时存在，那么，两个企业都是赤字。最后，会出现一个企业倒闭，另一个企业形成垄断的局面。

或者说，在产业创立成本庞大、已形成某企业垄断的情况下，即使后来进入的企业承担了巨额的创立成本，也难以收回创立成本而获取更大的利益。所以不会发生新的企业进入，因而垄断得以维持。

根据以上理由，当行业创立成本太高时，在创立初期，不得已形成了垄断的局面。

3. 自然垄断的问题

在自然垄断里，根据一般情况下的垄断均衡条件，即边际收入（MR）＝边际成本（MC），一旦定了垄断产量和垄断价格，从效率性上看，形成了一种非期待的局面，即在高价格、低产量下，会产生庞大的**无谓损失**。图4－3向我们展示了在成本递减的、自然垄断情况下的垄断均衡，即垄断价格 P^M，垄断产量 Q^M 以及无谓损失。

从历史上看也是这样，像电力、煤气、自来水、通信、铁路等行业在行业成立之初就已经形成了垄断。同时，由于行业创立成本庞大，只在有把握收回创立成本的地区才进行投资。即只在人口稠密的城市进行设备投入，对人口密度小的地区来说，就不提供投资了。

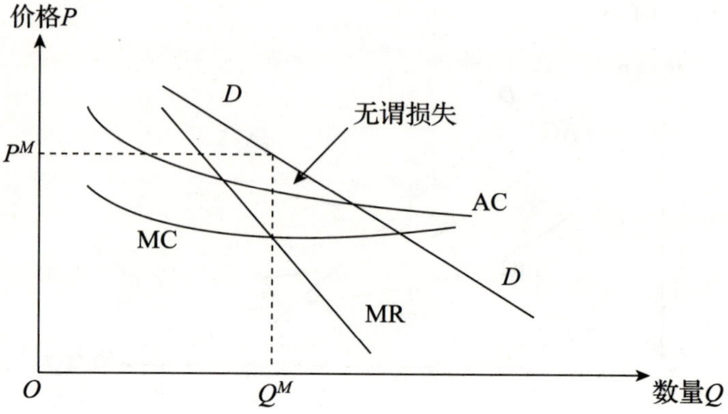

图 4-3 自然垄断下的垄断均衡和无谓损失

4. 平均成本价格管制

电力、煤气、自来水、电话、铁路等服务是对生活质量产生重大影响的行业。许多人都希望以尽可能的低价享受服务。由于这样的行业是成本递减行业，在行业初创期就形成自然垄断实属无奈。但是，政府也不愿意看到其服务过少、价格过高并导致巨大的无谓损失的结果。

对上述问题，政府的解决之策就是针对自然垄断所导致的成本递减行业，在行业创立之初，就允许国有、公有企业的垄断，实施进入管制并给特定企业赋予垄断权等；在允许垄断的同时，考虑强制实施低价以减少无谓损失。

为了避免垄断企业产生赤字、让无谓损失最小化，将价格和平均成本等同起来进行管制。这样的价格管制叫作**平均成本价格管制**。

图 4-4 展示了在平均成本价格管制下的价格为 P^A、产量为 Q^A 和无谓损失，与图 4-3 相比，无谓损失大幅度减少。

但是，从平均价格管制在现实中的实施情况上看，政府面临着很大困难。为了实施平均价格管制，政府需要正确了解该行业的需求曲线和垄断企业的平均成本曲线。但现实情况受到信息的制约，政府并不能正确掌握该行业的需求曲线和企业的平均费用曲线。为此，政府不得不选择现实中能够实施的价格管制。

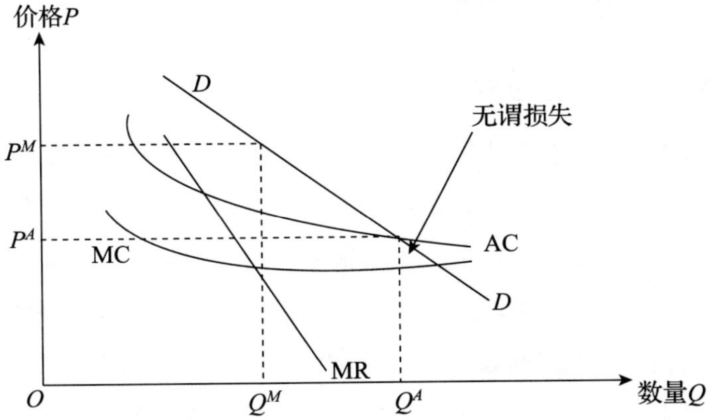

图4-4 平均成本价格管制

4.2 公平报酬率管制和阿帕奇·杰克逊效果

1. 公平报酬率管制

在成本递减行业里，为了避免垄断企业出现赤字，从无谓损失最小化这个意义上讲，平均成本价格管制是我们所期待的。由于政府存在信息上的制约，实际上，难以实施。于是，所采用的价格管制是源于总成本方式的**公平报酬率管制**。这里的总成本为

总成本＝营业成本＋折旧费＋公平报酬率×事业资产

换言之，商品供给所必需的成本（营业成本）加上折旧费，再加上事业资产（交易基础）乘以公平报酬率之和就是总成本。公平报酬率以行业平均收益率为参考，被认为是公正的收益。

作为总成本方式的公平报酬率是指前述的总成本等于总收入的价格管制。换言之，根据需求预测，

总收入＝营业成本＋折旧成本＋公平报酬率×事业资产

这样的价格水准是政府认可的价格管制方式。公平报酬率管制是事业资产处于合理水平，营业成本完全处于有效的事业活动的情况下发生的成本水准；公平报酬率如果等于资本的机会成本水准（长期国债利息是表示资本的机会成本的代表性指标），就会和平均成本价格管制具有相同的价格管制。但是由于多

种原因，很明显实际上它成为高于平均成本价格管制的价格水准。

2. 阿帕奇·杰克逊效应

当以总成本方式定公平报酬率价格时，定下的公平报酬率如果高于资本的机会成本水准，企业可通过保持较高的事业资产来提高总成本，使总收入和收益的增加成为可能。如在上述的公平报酬率管制下的被管制企业，通过保有超出需求的众多的事业资产来增加收益的现象称作**阿帕奇·杰克逊效应**。

当存在阿帕奇·杰克逊效应时，被管制企业由于保持了超出最佳水准的事业资产，总成本得到提高，增加的部分被反映在价格的上涨上。但是，从效率上讲很难说不是想要的效果，倒是可以认为，在行业初创时作为一种优势而发挥作用。

换句话说，电力、煤气、自来水、电话、铁路等服务行业由于具有为其他行业提供基础设施的服务机能，普及得越早，对其他行业的培育和发展贡献就越大。因此，在这些服务还没有充分普及的行业创立时期，通过把公平报酬率设定高值，可提高被管制企业积极实施设备投资的**动机**。同时，在赋予垄断权的地区，通过对所有的顾客实施带有义务的**一般服务管制**来促进服务的普及，对于整体经济来讲，可以对早期完善基础设施，起到打好发展基础的作用。第二次世界大战之后的日本，在设定一般服务管制的同时，又抬高了公平报酬率，促进了电力、煤气、自来水、电话、铁路等服务的普及，可以说这对经济的恢复和增长做出了贡献。

但是，成本递减行业在经历创立期和普及服务的供给后，阿帕奇·杰克逊效应只对过剩的非效率性的事业资产投资有效果。由于存在价格过分上升的负面效果，管制带来的不利因素也随之增大。

4.3 自然垄断领域的管制松绑——私有化

1. 公平报酬率管制的问题

在成本递减行业的初创期，公平报酬率管制可以认为是，具有促进相当于社会基础设施的效果。但是，缘于总成本方式的公平报酬率管制一旦长期化，在前面所述的阿帕奇·杰克逊效应的基础上，还会以各种形式出现巨大的非效率。

在竞争激烈的市场里，由于从事非效率生产活动的企业出现倒闭，虽然从事效率性生产活动的动机依然存在，但对于因进入管制和竞争被有效排除的垄断企业和国有企业来说，即使实施非效率的生产活动，因其可长期存在下去，这样就丧失了从事效率性生产活动的动机。其结果是，生产活动非效率化，生产成本上升。由此，因竞争压力的排除而产生的非效率性和成本的上升，我们称作**X非效率性**。对于公平报酬率管制来说，因营业成本上升而使总收入增加，削减营业成本的效率生产活动的动机没起作用，所以，易产生X非效率性。

另外，在有竞争压力的市场里，只要技术革新不成功，就不能指望实现高收益。从长远来看，技术革新失败的企业会遭淘汰而出局，因此，技术革新的动机会变高。但是，由于受到进入管制的影响，竞争被有效排除。受公平报酬率管制的局限，价格受到限制的垄断企业和国有、私有企业，不进行技术革新也能保证一定的收益，技术革新的动机就很弱。为此，从长期来看，由于没能实现技术革新，其生产力的增长与竞争行业相比会发生非效率性。这样的非效率性叫作**动态非效率性**。

此外，在国有、公有垄断企业里，即便由于持续非效率经营而陷入破产，由于注入公益资金就可以挽救，会发生从事无成本意识的经营而不能使经营效率化等问题。这个问题叫作**软性预算制约问题**。源于旧国有铁路以及旧道路公团的巨额债务下的散漫经营就是这个问题的缩影。

如果长期实施公平报酬率管制，那么，非效率性就会越加膨胀。具体表现为阿帕奇·杰克逊效应的非效率性，即表现为X非效率性、动态性非效率性、软性预算制约的非效率性等。

2. 政府失灵

在公平报酬率管制里，为防止上述非效率性发生，在做出价格许可的时候，通常先进行审查然后再决定价格。即审查被管制企业、国有企业所保有的事业资产是否处在合理的水平上，营业成本是否有效率。如果**政府监管**能充分发挥机制作用，非效率的发生就会大幅下降。但是，在很多的情况下，政府在监管的实施上经常失灵。

问题之一就是事业资产和营业成本是否处在适当水平上，由于政府不一定具备判断的能力，所以会发生失灵。要想判断事业资产的水平是否最佳、还是处于过剩的保有状况，就必须具备较高的事业内容的专业知识。同样，在含有营业成本的各种成本项目中，为了判别哪里是非效率的，同样需要高度的专业知识。由于政府的检查人员和被管制的企业具备精通事业内容的人员不可能具有同等的专业知识水平，因而，政府在实现恰当的监控上出现失败的可能性很大。

再者，被管制企业还存在将会计制度复杂化，让政府的正确检查陷入困难的可能性。例如，电力公司采用与通常的企业会计基准不同的繁琐的会计制度。而通过第三者来验证事业资产的合理性、营业成本的效率性又相当困难。原道路公团（Japan Highway Public Corporation）也曾采用过与通常的企业会计基准不同的会计基准。事实上，几乎不可能查明事业的盈亏。

问题之二是由于管制的长期化因素。政府监管当局的工作人员经常做出有利于被管制企业、国有企业的判断。长期以来，被管制企业或国有企业一旦接受政府监管当局的指派，政府方面的检察官为了在有利的条件下发布指令，疏于检查的动机随处可见；反观之，被管制企业或国有企业通过对监管人员的接待、行贿和接受发号施令等会让检查流于形式，以便从中获益。通过这样的设计，政府的工作人员被管制企业、国有企业收买的行为称作**俘获理论**（capture theory）。

纵观上述事实，显然，政府在适当的监控机制方面存在许多失灵情况。不仅如此，还会发生不容忽视的作为行政支出的检查成本。检查的行政成本是由于存在管制而发生的对社会来讲不过是非生产性的、无用的成本。

此外，在政府实施监管，使垄断得以维持并发生有收益的情况下，企业为了阻止新的进入，还会对监管人员进行接待、行贿、接受发号施令等。这样的活动被称作**寻租行为**。寻租行为中花费的成本对于社会来讲只能是非生产性的、无用的成本。

由于上述的各种理由，政府在效率的监控上出现失灵，对于社会来说产生了非生产性的、无用的成本。这种现象我们称作**政府失灵**。

3. 竞争的导入

如上所述，在行业创立成本庞大的自然垄断领域里，政府在实施进入管制的同时，又实行总成本方式的公平报酬率管制，虽说实施了国有和公有垄断企业的事业化改革，但不能否认的是，行业创立期具备了所期待的效果。但这些管制如果长期化，显然会出现巨大的非效率性。结果是，即便在自然垄断的行业里，为了避免长期的非效率，人们逐步认识到：给进入管制松绑和导入国有、公有企业私有化竞争的必要性，或者说人们期待着废除公平报酬率管制，实施**动机管制**的必要性。

4.4 动机管制

1. 何谓动机管制

在自然垄断企业的领域里，从先前采用的进入管制、公平报酬率管制及国有企业的垄断事业化等明显具有非效率性以来，导入竞争和私有化逐渐受到重视。由于行业的特点，有些是不能从根本上引进竞争的。在这样的情况下，通过采用价格管制方式，即在减少成本、提高经营效率的动机上，有必要尽可能减少由于管制造成的非效率的发生。对以这样的目的引进管制目标的企业给予改善经营效率的动机而设计的价格管制称作**动机管制**。代表性的动机管制有价格上限管制、标准法管制和竞争投标制。

2. 价格上限管制

价格上限管制，是对价格上升的幅度做最高限度的管制行为。所谓上限，是对技术革新和经营努力而设定的努力目标，通常情况是指“零售物价指数上升率扣除 X”。例如，假设 $X=5\%$ 时，通过技术革新和经营努力，如果可实现削减成本超过 5% 的话，那么该成本减少的部分都可以成为被管制企业的收益，这可激励企业努力实现技术革新和经营努力。

英国在 1984 年以引进电力通信事业为契机，在煤气、自来水、航空、电力等私有化的行业里，采取了出售股权、对价格进行上限管制等措施。此外，一般认为给日本的独立行政法人和医疗福利法人被赋予效率化指数也是**价格上限管制**的一种措施。

虽然价格上限管制是用来激励被管制企业提高经营效率的，但从目前实施的情况上看，已明显出现了一些问题。问题之一是恰当地制定价格上限水准 X 比较困难。到目前为止，在潜在的改善经营和削减成本余地较大的行业里，非效率经营的结果是，如果选择了较小的 X 值，那么，企业有可能获得庞大的收益。事实上，在英国，对民营企业的庞大收益提出批评的声音逐渐增大。与此相反，短期内如果对改善经营和削减成本余地不大的行业 X 取值较大的话，这或许会让许多企业面临经营危机、甚至倒闭。或者说，因政府不是万能的，所以难以避免在找出合适的 X 水准之前不发生混乱。

问题之二是政府在一定的时期内固定 X 值。对于发生庞大收益的行业而言，因预计一定时期过后 X 值会增大，被管制企业不会认真而努力地削减成本。结果是可能出现没有期待那样的效率化经营的局面。我们把这种现象叫作**齿轮效应**。

3. 标准法管制

标准法管制是指在地区垄断的状态下，当有类似企业存在时，管制当局在审查收费和成本的过程中，以优秀企业的成本和服务的质量为尺度，要求各企业为达到该尺度而努力改善成果的管制。换言之，与同行相比通过给予惩罚，即在价格上，对在减小成本上努力不够的企业不允许涨价，从而在被管制企业之间实现减小成本的竞争价格管制。在日本，电力、煤气、大型民营铁路、日本国铁（JP）等六家公司通过引入标准法管制，产生了一定的效果。

标准法管制的问题是，被管制企业有可能串通获利。换言之，所有被管制企业如果串通的话，因降低了成本、服务质量等，可能出现即使不进行效率化经营，也很容易获利的情况。因此，在引进标准法管制的时候，有必要对串通行为进行监控。

4. 竞争投标制

针对自然垄断，有可能通过实施竞标制度来实现效率化。一般来讲，在应标企业中，以给提供最低供给价格的企业一定时期内的垄断经营权这种形式来运作。国外在上下水道事业的私有化方面，多数采用了竞标制度。竞标制度也和价格上限管制一样，如果中标企业能成功降低成本的话，就可获利。这有助于萌生降低成本的动机。

但是，中标企业也有可能忽视产品质量而减少成本支出，招标企业也有可能通过私下磋商不实施低价格。因此，在引进竞标制度的情况下，有必要对质量的实施进行检验和对私下磋商进行取缔。

小栏目 3

拆分 AT&T

AT&T（美国电话电报公司，American Telephone and Telegraph Company）是电话的发明者贝尔创立的。到 1940 年前后，已成长为占美国电话事业市场份额 85% 的垄断企业。担任美国通信领域管制（进入管制，收费管制）的是联邦通信委员会（Federal Communications Commission，FCC）。长期以来，AT&T 公司因受到 FCC 的保护，享受了高额的回报。

结果是，FCC 不断地做出保护 AT&T 利益的决定。换言之，不断拒绝随着信息通信技术的发展而诞生的要求进入信息通信领域的企业的申请。在保护 AT&T 垄断地位的同时，基于公平报酬率管制，不断认可高价的电话收费。结果是 AT&T 长期以来一直享受着高价带来的高收益。FCC 和 AT&T 的这种关系，与俘获理论如出一辙。

遭 FCC 拒绝进入的 MCI（Microwave Communications Inc）向法院提起了诉讼。1978 年美国联邦最高法院驳回 FCC 的决定，认可 MCI 的新进入和利用 AT&T 电话网的总机服务，从而引进了竞争机制。此外，经美国联邦最高法院裁决，AT&T 于 1982 年将长途通信公司分成 22 个地方通信公司，只要满足一定条件，无论什么企业都可利用 AT&T 的电话通信网。

AT&T 通过分割竞争的市场环境，电话收费戏剧性地下降。1983 年 12 月和 1988 年 12 月相比，在每 10 分钟的通话收费中，纽约—芝加哥之间从 4.49 美元降至 2.23 美元；纽约—洛杉矶之间由 5.15 美元降至 2.32 美元，5 年间价格降了一半以上。由于通信成本的大幅度减少，不仅商务成本得到大幅下降，AT&T

通信网也因对外开放，产生了利用因特网、手机的商务活动的需求；此外，因特网、手机等商务活动的启动，也带来了技术革新的新环境。信息通信行业的技术革新和通信成本的降低成了20世纪90年代美国经济发展的重要原因之一。

只要有这样的低收费和技术革新的余地，就意味着美国的信息通信领域的进入管制和公平报酬率管制所引起的收费管制就会产生阿帕奇·杰克逊效应、X非效率、动态非效率和政府失灵等的巨大的非效率。

参考文献

[1] 植草益[1991]『公的規制の経済学』筑摩書房。

[2] Comanor, W. S. and H. Leibenstein [1969] "Allocative Efficiency, X – Efficiency and the Measurement of Welfare Losses," *Economica*, 36, pp. 304 – 309.

[3] Kahn, A. E. [1988] *The Economics of Regulation: Principles and Institutions*, *MIT Press*.

[4] Leibenstein, H. [1966] "Allocative Efficiency vs. 'X – Efficiency'", "*The American Economic Review*", 56, pp. 392 – 415.

[5] Stiglitz, J. E. [1986] " Theory of Competition, Incentives and Risk," in J. E. Stiglitz and G. F. Mathewson eds., *New Developments in the Analysis of Market Structure*, MIT Press, pp. 399 – 446.

练习题

1. 请说明为什么会产生自然独占企业。
2. 请用动机一说来解释公平报酬率的长处和短处。
3. 作为动机管制，请论述都存在什么样的管制。

第 5 章 进入的经济效果

导 论

在本书第 3 章垄断企业的价格设计中，我们考察了完全不存在进入可能情况下的垄断企业行为。在本书第 4 章里，我们分析了可带来规模经济的自然垄断情况。但在实际中，寡头垄断企业也面临着进入的威胁。那么排除进入和维持垄断是否可行呢？进入壁垒作为阻碍进入的原因之一究竟在哪里？政府的进入管制都有哪些经济效果呢？近年来政府对进入管制的松动是基于什么样的理由呢？本章将着重研讨上述问题。此外，在产品差异化的市场中，我们还将说明存在众多卖方且可自由进入的垄断性竞争市场。

关键词

进入、进入管制、技术革新、产品革新、工艺革新、进入壁垒、沉没成本、可竞争市场理论、完全可竞争市场、全要素生产力、同质的、产品差异化、垄断性竞争市场。

5.1 进入的经济效果

所谓**进入**是指在某个商品的市场中，没生产过该商品的企业开始生产并提供商品的行为。在本书第 3 章第 1 节的垄断企业理论中，在完全不存在进入可能的情况下，我们阐述了垄断企业的价格设定问题，即企业选择了高出边际成本的垄断价格。如果产生了垄断利润，高价格和高利润就会激励其他企业进入该市场。垄断企业最终能否阻止以获利为目的的新企业进入呢？

在目前的情况下，普遍认为垄断的维持相当困难。理论上企业可通过推出新产品，获取专利而导致垄断。由于日本的专利保护期是 20 年，在制度上可垄断性地生产 20 年的产品。但在现实中，通过开发不触及原专利的新技术而实现的进入，会使许多专利保护期尚未达不到 20 年垄断就消失的情况。

普遍认为在成功进行垄断的普通纸复印机市场里，1959 年美国施乐公司开发了可以进行普通纸复印的技术，虽然取得了专利并可独自进行市场供给，但在 20 世纪 70 年代，佳能公司成功开发了与施乐公司的专利没有抵触的新技术，通过销售普通纸复印机，使施乐公司的垄断才 11 年便消失了。在家用录像机市场上，1975 年 5 月，索尼公司开发了马克思贝塔方式的家用录像机，而在 1976 年9 月，日本维克多也开发了一种与索尼专利没抵触的 VHS 方式的家用录像机从而也进入了该市场，索尼的专利只维持了 1 年零 4 个月。1977 年，在家用游戏机市场里，任天堂和三菱电机共同开发了家用游戏机，但在 1983 年 7 月，世嘉便开发了一种与任天堂没抵触的家用游戏机，从而也实现了新的进入，任天堂的垄断也只保留了 6 年。

在现实市场中，能维持长期垄断的行业也只限于政府干预的行业。换言之，政府通过**进入管制**，在特定地区和事业领域里给特定企业垄断权，或特定的事业由国企、公企来运作。日本也是长时期通过进入管制允许国企、公企等实施垄断。这不仅涉及电力、电话、地方铁路运输等自然垄断行业，也涉及农业物流、航空和邮政事业等领域。

在农业领域里，截止到 1995 年，通过粮食管理法等法律、法规的颁布，农协不仅垄断了大米、小麦等农产品，甚至还包括化肥、农药、饲料等原材料的流通领域。在航空领域，通过运输省（现国土交通省）的进入管制，截止到 1998 年的 35 年里，新的进入一直没被批准，只有日本航空（Japanes Airlines，简称 JAL）、全日空（All Nippon Airways，简称 ANA）、日本佳速航空（Japan Air System，简称 JAS）这 3 家，从而形成了线路的分割状态。结果是，多数线路由 1 家公司实施垄断性的运作。在 2003 年进入管制松动以前，邮政事业依然是国有体制。

基于上述的历史变迁，今天，维持垄断的最大原因是政府的进入管制以及国有和公有垄断企业的存在，可以说，这些都是政府干预所导致的。

1. 进入和技术革新

针对“经济发展的原因是什么”，经济学的实证分析结果表明，技术革新推动了经济的发展。R. M. 索洛（R. M. Solow，1957）就1909—1949年美国经济增长指出，87.5%源自技术进步（生产率的提高）。E. F. 丹尼逊（E. F. Denison，1985）也使用较新的数据得出同样的结果。**技术革新**的种类大致有两种，即与新产品开发相关的**产品革新**和与新的制造方法相关的**工艺革新**。在这里我们不加区别地使用包含两者概念的“技术革新”用语。

索洛的结论既适于产业标准也适于企业标准。不言而喻，当今的日本是世界上最发达的国家之一。当前最代表日本的产业可以说是汽车、数字家电、家用游戏机等。这就意味着这些产业发生过重要的技术革新。换言之，汽车行业中丰田的“即时生产”，CD的发明，液晶板的实用化，家用游戏机的问世等技术革新推动了这些产业的发展。

对产业组织理论来说，考查的对象是，在怎样的市场构造和产业构造的前提下可让技术革新活跃起来，政府为此该采取什么样的政策等（见本章第3节）。

当既有企业可获得较高的市场价格和较大的市场利润时，就会发生以获利为目的的新的进入。此外，如果是未来可期待的商品领域和产业，可以想象也会激励新的进入。

另一方面，如果发生了新的进入，价格就会下降，原有企业获利就会减少。对竞争压力较大的可自由进入的市场来说，进入的结果表明，长期均衡中的利润为零。

因此，处于这样市场条件下的企业如果想要长期获利，只能依靠以往技术革新获得的专利或先进技术带来的回报。结果是对进入压力较大的市场来说，获利竞争就是实现技术革新的竞争。换言之，在竞争压力较大的可自由进入的市场中，技术革新的原动力无论对既有企业，还是对潜在的进入企业都有很强的带动作用。

与此相反，对于可有效排除的**进入壁垒**、且外部竞争压力较小的市场而言，进入所带来的利润减少的压力不大，因而既有企业技术革新的动力不足。

2. 进入壁垒

如上所述，越是竞争压力大的自由进入的行业，技术革新的动力就越大。从长期来看，该行业就会成长和发展。相反，如果存在阻碍进入的壁垒，技术革新的动力就弱，行业的发展就会受到阻碍。

贝恩等哈佛学派重视作为进入壁垒的规模经济，既有企业的成本优势，进入所必需的资本成本的大小及产品差异化（见本章第4节）。但是，哈罗德·德姆塞茨等芝加哥学派的学者认为上述哈佛学派的进入壁垒之说没那么重要。换言之，新的进入企业通过技术革新可成功实施比既有企业的产品更有魅力的产品开发，或者说与既有企业相同或以较低的成本成功地开发了新工艺和新方法。芝加哥学派还批评哈佛学派无视通过技术革新而进入的事实。此外，在固定成本中如果不存在退出时不能收回的**沉没成本**的话，由于进入所必需的资本成本能全额收回，因此，芝加哥学派主张沉没成本不是什么大问题。

那么，阻碍进入的重要的壁垒是什么呢?

第一，是沉没成本的存在。在进入所需的资本成本中，如果沉没成本过大，因进入失败而造成沉没成本不能收回，因而导致进入本身的风险增大，最终形成难以进入的情况。此外，当沉没成本很大时，退出时固定成本中的沉没成本部分由于不能收回，在短期里，即便价格低于平均成本而出现损失，企业也不会退出。换言之，巨额的沉没成本成了进入和退出的壁垒。

第二，是政府进入壁垒的存在。芝加哥学派特别强调：政府的进入壁垒成了阻碍经济发展的主因。

第三，是消费网络的外部性及作为阻碍新的进入为目的的、制定小于成本的低价格的企业战略。这些问题将在本书第11章和第12章里做介绍。

5.2 可竞争市场理论

1. 完全可竞争市场

作为与本书第3章第1节所阐述的完全不存在进入可能的寡头垄断市场相反的事例，在进入压力极强的垄断市场里，考察企业如何定价的理论就是鲍莫尔、潘泽、威利格的**可竞争市场理论**。

所谓**完全可竞争市场**是指满足以下三个假设的市场。①既有企业对潜在的进入企业不存在任何优势，即需求条件和成本条件完全相同。从这个意义上看，既有企业和进入企业——即使既有企业是垄断企业，都能完全地实施公平竞争。②当进入企业比既有企业展示低价而进入时，假定消费者都成了新的进入企业的顾客。在这个假定下，既有企业即使是寡头垄断，其价格如果稍高于新的进入企业，就会失去所有的消费者。③不存在进入时的沉没成本。由于没有沉没成本，自由进入成为可能。

当以上三个假定成立时，就是完全不存在进入壁垒的市场。

2. 完全可竞争市场的价格设定

可竞争市场理论和以往的经济理论相比，之所以是革新性的，是指在完全可竞争市场里，即使是寡头垄断企业也不能获利。这不仅是指通常情况下的垄断，也包括自然垄断。换言之，在完全可竞争市场里，由于存在潜在进入企业的压力，即使寡头垄断企业，也不能获得利润。

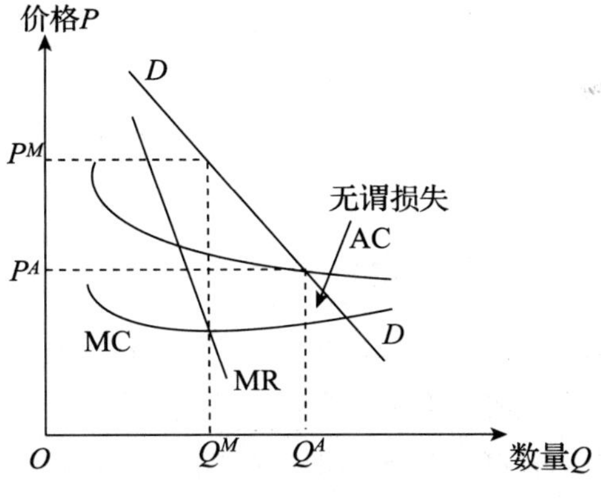

图 5-1　完全可竞争市场的自然垄断

图 5-1 展示了自然垄断的事例。当不存在进入可能性的垄断中，在其价格为 P^M 时，产量为 Q^M。但是，如果是完全可竞争市场，价格处于平均成本之上。当出现利润时，就会发生新的进入，进入企业通过提示稍低于 P^M 的价格，就有可能把所有的客户夺走。只要有企业的价格高出平均成本并发生利润，这种情

况就会发生。因此，在完全可竞争市场里，原有的寡头垄断企业所维持的垄断价格就只能是 P^A 了，即等于平均成本的价格。这一价格水平与平均成本价格管制下的价格水准相同。换言之，在成本递减产业里可实现效率化的价格标准。

同样的道理，在完全可竞争市场里，不存在规模经济或是不经济的情况下，正如图 5－2 所示那样，边际成本曲线（MC）呈水平状，由于等于平均成本曲线（AC），对于既有的寡头垄断企业来说，维持其垄断地位的可能的价格就是价格 = 平均成本 = 边际成本的价格水准 P^*。这一价格水准等于完全竞争市场的价格水准，产量也和完全竞争市场的产量 Q^* 相等。此外，可以认为，因没有无谓损失，所以有效率的经济活动得以实现。

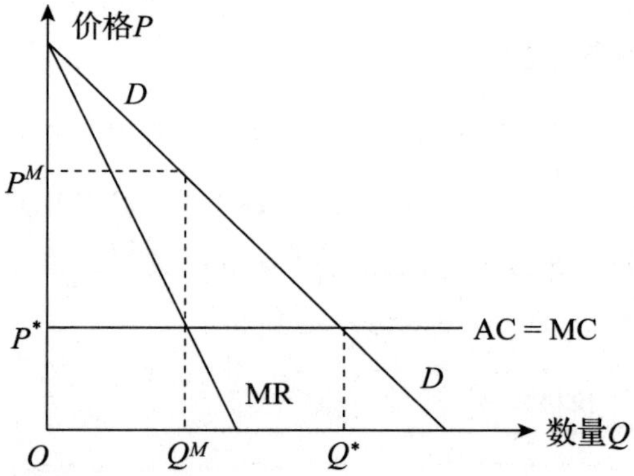

图 5－2　完全可竞争市场之非规模经济和不规模经济情况下的垄断企业行为

3. 可竞争市场理论的现实含义

可竞争市场理论的意义在于当市场处于完全可竞争时，即不存在任何进入壁垒的情况下，由于存在潜在的进入企业，即使是垄断，也能实现效率性。

但是，需要注意的是可竞争市场理论的现实可靠性。即我们必须注意完全可竞争市场的概念虽在经济理论上非常重要，但在现实中并不存在这样的市场。这和完全竞争市场的概念一样，虽在理论上非常重要，但现实中和完全竞争市场并不存在的情况很相似。换言之，和完全竞争市场一样，完全可竞争市场这个概念只不过是理论上的基准而已。但是，在考虑竞争政策时，可以说具有非常强烈的暗示作用。

也就是说，通过排除妨碍进入的要素，可竞争市场理论向我们展示了价格下降后，无谓损失的发生，X 非效率，动态非效率得到改善的可能性（见本书第 4 章）。在现实市场中，如果给政府管制的进入壁垒松绑，制定限制价格掠夺和预防妨碍企业进入的政策（见本书第 11 章），就能改善效率性。可竞争市场理论为进入管制的松动，废除进入壁垒提供了理论依据。特别是它给美国航空业的管制松动带来了巨大影响。

5.3 进入管制的经济效果和管制松动

1. 政府的进入管制和产业的衰退

政府经常以维护公共利益为由把航空、机场、货车运输、银行、保险、邮政等事业收归国有或集体所有，进而设立进入管制以保护这类行业。此外，像发电和信息通信那样，曾经是自然垄断的行业因技术进步即使失去自然垄断的性质，在许多情况下依然维持着国有和集体垄断和进入管制。在日本，除了上述的理由外，还以保护中小企业和地方企业为由，广泛实施了对特定行业和地区的进入管制。

像这样的国有和集体企业的垄断和进入管制的存在因进入的竞争压力降低，不仅产生了 X 非效率，也因降低了技术革新的激励机制从而导致了动态的非效率，使经济活动非效率化。

其结果是，政府的这种干预如果长期存在的话，经济活动就会非效率而导致产业衰退。第二次世界大战后的英国，在劳动党执政期时期，煤炭、钢铁、汽车、航空、机场、道路运输、铁路、邮政、电话、电力、自来水等行业先后实施了国有化改革。其结果是，到了 20 世纪 70 年代，表示工人人均附加价值产出额的劳动生产率低至其他欧洲各国的二分之一或三分之一，许多产业失去了竞争力。这种长期的经济衰退我们称之为“英国病”。美国也在信息通信、金融、航空、汽车运输、电力等行业长期实行进入管制，结果是 20 世纪 70 年代，国内产业空心化，失业率大增。

从 20 世纪 70 年代末到 80 年代初，美国给信息通信、航空、汽车运输、电力等行业实施了大规模的管制松动；英国也实现了国有企业私有化和金融市场的管制松动。

2. 管制松动、私有化对生产力的影响

从20世纪70年代到80年代，美国和英国放松了进入管制，国有企业私有化使20世纪70年代以来低迷的两国经济得到恢复。这种管制松动和私有化对生产力的影响可通过长岗（1999）的不同产业的生产力分析得到证实。

表5－1向我们展示了长岗（1999）用OECD的数据算出的1970—1993年不同产业平均全要素生产力增长率的国际比较。所谓**全要素生产力**增长率是指以超出劳动、资本等生产要素的投入增加量从事生产活动的结果所产生的附加价值的增加率，它是经济学最频繁使用的生产力增长率指标。从20世纪70年代末到80年代初，美国在运输、通信行业进行了大规模管制松动，从表5－1中我们可以看出，20世纪80年代在运输、通信、电力、煤气、自来水、金融等行业积极实施管制松动和私有化的美英和相对消极的日本之间，在生产力增长率、物价上升率方面出现了显著的差异。

从表5－1可以看出，美国积极进行管制松动的运输、通信行业的全要素生产力年平均增长率为2.8%，是全产业中最高的和技术革新最活跃的事实。对此，在管制松动方面消极的日本，运输和通信行业的全要素生产力年平均成长率仅为0.9%。在计算机技术迅速革新的这一时期，日本和美国的生产力增长率落差相当大。这一落差产生的原因之一就是由美国和日本对运输和通信产业管制松动的态度不同造成的。

表5－1　不同企业的全要素生产力增长率的国际比较（1970—1993的年平均%）

	日本	美国	其他发达国家平均
建筑业	－0.9	－1.1	0.3
制造业	1.7	1.5	1.6
商业	2.5	0.6	0.6
金融、保险、房地产	－0.2	－0.1	0.6
电力、煤气、自来水	－0.8	0.1	1.6
运输、邮电	0.9	2.8	2.3
其他服务	－1.7	－0.8	0.6

注：其他发达国家是指：德国、法国、英国、意大利、加拿大5个国家，用1995年GDP比重做权重分析的数值。出处：长冈（1999）74页。

日本的全要素生产力增长率与美国的相比，明显处于劣势的产业是电力、煤气、自来水、运输、通信、服务行业等。此外，虽与美国相比没有大的差异，但与其他先进国家相比，处于劣势的产业还有建筑业、金融、保险和房地产业。这些行业中的任何一个，在20世纪70—80年代都能被观察到进入管制的存在和管制当局限制竞争的行为。

另一方面，在日本，进入管制少、处于竞争市场状态下的制造业是1.7%、商业是2.5%，与其他产业相比明显出现较高的生产力增长率。在这里，我们可观察到，管制的有无对生产力增长率具有显著影响。

20世纪90年代后期，日本在航空、货车运输、电力、信息通信、银行、保险、邮政、大米流通、酒类销售等众多行业也实施了管制松动和私有化。有分析指出，其背景还是逐步认识到了进入管制使技术革新的动力不足，阻碍了生产力发展和经济增长。

5.4 垄断竞争

1. 产品差异化

某种商品，无论是由哪个企业生产的，如果在消费者看来都完全相同，这样的商品就叫作**同质的**。对此，供应同类商品的各个企业通过设计、质量、广告等成功地让消费者认识到商品的不同时，就是在做**产品差异化**。

例如，对于汽油和灯油，不同厂家在质量和价格上没多大区别，因此消费者在购买汽油和灯油时，几乎不会在意是哪家生产的。可以说在这个意义上汽油和灯油是同质的商品。但在购入计算机和汽车时，由于厂家在设计和性能方面有差异，消费者很少说无论哪家哪个产品都不错，他会凭个性选择厂家和产品。在这个意义上我们可以说计算机和汽车是产品差异化的商品。

我们还可以认为，产品差异化是厂家利用消费者的偏好差异而产生的。由于消费者根据自己的偏好选择厂家和产品，对于企业来说，对自家的产品有着特别偏好的消费者群体，可以获得垄断的地位。

2. 垄断性竞争模型

在产品差异化的市场中，存在许多供应者且可自由进入和退出的市场称为**垄断性竞争市场**。图 5－3 向我们展示了短期垄断性竞争市场，即企业在数量一定时的价格和产量。

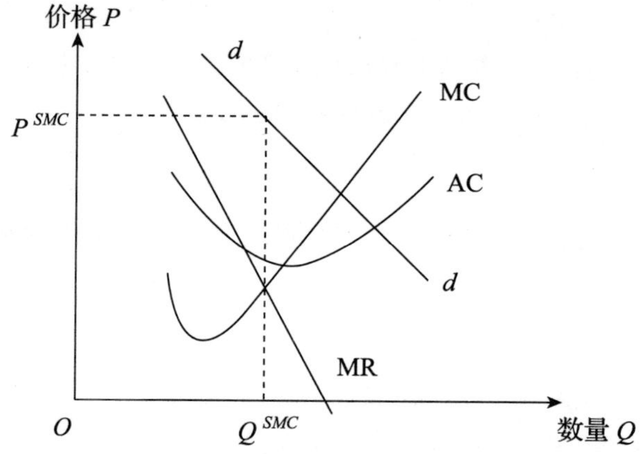

图 5－3 垄断竞争市场的短期平衡

由于采取了产品差异化，垄断性竞争市场中的各个企业即使设定比其他企业高出的价格，也不会失去全部需求，各企业都面对一条呈右下分布的需求曲线 dd。利润最大化产量和垄断市场情形相同，产量和价格的决定处于边际收入（MR）等于边际成本（MC）的水准上。结果在图 5－3 里，产量为 Q^{SMC}，价格为 P^{SMC}。

3. 垄断性竞争市场的长期均衡

因垄断性竞争可自由进入市场，只要价格高出平均成本水准，就会有正的利润并出现新的市场进入。因进入的存在，既有企业的一些顾客会被新进入的企业夺走。当进入发生后，既有企业会面对需求曲线 dd 向左侧的移动。

只要有正的利润存在就会发生进入，在不会发生进入的长期均衡中，在垄断性竞争企业所面对的需求曲线 dd 和平均成本曲线 AC 出现切点前，需求曲线 dd 会一直向左移动，直到价格等于平均成本为止（此时的利润为零）。此种状态可见图 5－4，即垄断性竞争的长期均衡，选择产量为 Q^{LMC}，价格为 P^{LMC}。

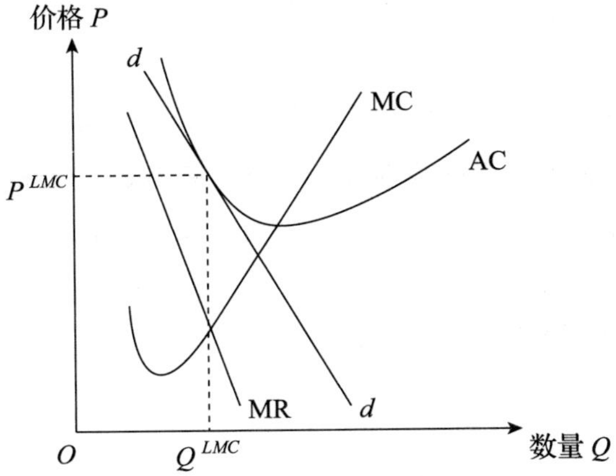

图 5-4　垄断性竞争的长期均衡

小栏目 4

《大规模小卖店店铺法》和中心商业街的空心化

日本有不少进入管制是以保护中小企业和地方企业为目的而实施的。但以此目的而实施的进入管制，会使受到保护的业者失去技术革新的动力。从长期来看，许多企业因生产力的下降而出现颓势。像这样因保护而衰退的事例，皆是由《大规模小卖店店铺法》(《大店法》) 和中心商业街空心化造成的。

超市是 20 世纪前期在美国出现的零售形态，被誉为零售业划时代的技术革新。昭和 30 年 (1955 年) 日本也出现了超级市场连锁店，其方便性受到了消费者的欢迎并逐步向大型超市普及。随着超市的普及，自然与传统的商业街之间发生了各种摩擦。《大店法》就是在大型超市普及过程中以保护市中心地区商业街为目的而制定的，并于 1973 年颁布了禁止在市中心开设大型超市的法律。《大店法》规定了事前与地方的商工会议所进行协调的必要性。有不少超市因协调不畅而未被批准。此外，1982 年通产省 (现为经济产业省) 为了限制经营者在市中心街区开设大型超市，还专门实施了行政指导。因此在 20 世纪 80 年代前期，由于管制的存在，实际上已不可能在中心街区开设超大型店铺了。

20 世纪 70—80 年代，因汽车的普及和郊区道路建设的发展，不受《大店法》制约的城区郊外吸引了不少大型零售商店。另一方面，受《大店法》保护的市中心商业街丧失了适应社会变革的动力，结果是市中心的商业区出现了空心化现象，不少店铺不得不关停并转。可以说，政府的进入管制加速了中心商业街的空心化。

《大店法》是为保护小规模店铺而制定的。但正如便利店的兴起和成功所显示的那样，只要做到规模虽小但便捷，并摆放充满魅力的商品，就能获利。24小时店的初创正如大型超市伊藤堂的子公司日本7—11便利店（Seven Eleven）那样，其技术革新绝不会发生在因进入管制受到保护的经营者那里。进入管制夺走了受保护业者的技术革新的意愿。

参考文献

[1] 泉田成美[2004]「イノベーションと競争政策について——産業組織論から見て」『ESP』第464号,24－28頁。

[2] 長岡貞男[1999]「内外価格差の経済分析——生産性からのアプローチ」NTT出版。

[3] Baumol, W. J. ,J. C. Panzar and R. D. Willig[1982] *Contestable Markets and the Theory of Industry Structure*, Harcourt Brace Jovanovich.

[4] Chamberlin, E. M. [1933] *The Theory of Monopolistic Competition*, Harvard University Press.（青山秀夫訳[1966]「独占的競争の理論——価格論の新しい方向」至誠堂）

[5] Demsetz,H. [1982]"Barriers to Entry,"*American Economic Review*, 72,pp. 47－57.

[6] Denison, E. F. [1985] *Trends in American Economic Growth*, 1929－1982, Brookings.

[7] Solow, R. M. [1957]"Technical Change and the Aggregate Production Function," *The Review of Economics and Statistics*,39,pp. 312－320.

练习题

1. 垄断的长期持续是在什么样的情况下发生的？
2. 思考一下沉没成本较大的产业都是哪些行业。
3. 请说明完全可竞争市场都是什么样的市场。
4. 请思考：在垄断性竞争市场的长期均衡中，价格水准比平均成本的最低点还要高，这在垄断性竞争市场里，意味着非效率吗？

第 6 章 基础博弈论

导 论

处于完全竞争和寡头垄断市场下的企业，在各自的市场中，只关注自己的市场和考虑自己的最佳行动而不必在意其他企业的行动即可。但在寡占市场里，有必要考虑竞争企业的行动，然后采取自己的行动。因为竞争对手如何采取行动，将直接影响自家的收益。在如此相互依存之中，考虑最佳行动的理论称作博弈论。此外，利用相互依存的关系，可促使竞争企业做出符合自家利益的行为，这称为策略性行动。目前，博弈论不仅在产业组织理论，而且在经济学的诸多领域的分析里起着不可或缺的作用。本章就博弈论的基本框架和利用博弈论的策略行动加以说明。

关键词

博弈者、博弈规则、收获、囚徒困境、展开型博弈、博弈树、依次行动博弈、同时行动博弈、策略、策略性博弈、纳什均衡、最佳反应、恐吓、子博弈、子博弈完全均衡、反向归纳法。

6.1 什么是博弈论

1. 相互依存和博弈论

让我们思考一下企业是如何确定产量的。一方面，在寡头垄断市场里，企业可不必在意其他企业的行动，只要盯住市场中消费者的行为和自家的边际成本，为利润最大化确定产量即可；另一方面，在完全竞争市场中，由于存在多家企业，各个企业在市场规模上相当小，即使各个企业的产量出现变化，对市场供给不会产生太大的影响。为此，各个企业在确定产量时，仍不必考虑其他企业的行动，只要看准市场价格和边际成本后再确定产量即可。

但是，在寡占市场里，如果存在少数企业，情况就不同了。由于某个企业所定的产量在市场供给量中占有较大的比例，其产量大小不仅会给市场的价格带来影响，也会给其他企业的定产带来影响。因此，企业在确定产量时，必须考虑其他企业的产量及自家所确定的产量会给其他企业的产量带来多大影响的问题。同样，不仅在产量上，而且还在设备投入、广告、科研等方面，也要顾及到自家和其他企业的多方行为。

此外，在寡占市场里，每个企业的行为都处于给其他企业的行为带来影响的相互依存的情况。特别是这些影响，有时可让对手采取对自家有利的行动。这就是所谓的策略行动。

在相互依存的情况下，如何解释企业所采取行动的就是所谓的博弈理论。在本章里，我们将列举博弈论最有代表意义的两种经济情况。一是在寡头垄断市场里，原有企业试图阻止新进入的企业；二是在两家企业形成的双寡头垄断市场中，两家企业试图实施卡特尔的情况。在本节中，我们将分别说明博弈的情况。在本章第 2 节里，我们将给博弈理论下个定义；在本章第 3 节里，为了阻止进入和卡特尔行为，我们将考察企业会采取怎样的行动。如果用博弈论来进行严密的分析，我们就会明白，看似易于实施的阻止进入和卡特尔，实际上并不容易。

2. 阻止进入的恐吓博弈

博弈论的代表例子之一是寡头垄断市场。寡头垄断企业为了让新进入企业打消进入的念头，考虑采取博弈论来实施阻止进入的策略。首先，有必要确定**博弈者**。在这里，博弈者指的是寡头垄断企业和新进入企业双方。其次，有必要明确**博弈规则**。规则指的是明确各个博弈者行动的次序、选项及采取行动时的信息等。在对局里，作为先手，要确定潜在的新进入企业是“进入”还是“不进入”，然后，作为后手，寡头垄断企业在掌握了进入企业是“进入”还是“不进入”的信息后，选择“高价格”（寡头垄断企业会选择的价格）还是“低价格”（等于边际成本价格）。最后，作为博弈的结果，有必要确定各博弈者的

收获（这里是指企业利润）。因为，如果没有进入，就是寡头垄断。寡头垄断企业在定垄断价格时，就可获得垄断利润；如果定边际成本价格（这种情况难以想象），其利润为零。当然进入企业如果不进入，利润也为零。

另一方面，如果出现进入，寡头垄断企业如何选择垄断价格。假定垄断利润两家平分，这就意味着进入企业也和寡头垄断企业一样定了高价，垄断产量也由两家平分（也可以选择别的价格，但是我们把它单纯化，实际上，关于垄断利润是否平分的问题，还要参考下面的博弈）。此外，如果定边际成本价格，两家都没有利润。再者，在进入的情况下，因只有一家进入企业，所以不得不负担沉没成本。

进入后，为了阻止进入，寡头垄断企业以低价格来对抗。像这样的博弈被称作"**阻止进入的恐吓博弈**"。在本章第 2 节中，我们将说明博弈论基本的格式化问题。在本章第 4 节里，将着重说明进入后定低价虽属恐吓，但实际上阻止进入已经失败的情况。

3. 囚徒困境博弈中的卡特尔

博弈论中另一个代表例子是指只有两家的双寡头垄断市场。在这里，指的是企业试图建立卡特尔的情况。在双寡头垄断市场里，各个企业如果采取竞争行动，那么产量会增大、价格会降低，从而利润会减少。于是，对于两个企业来讲，如果能形成卡特尔并实现提价、减产，可提高利润，这对双方来讲都极具吸引力。在本节里，我们用博弈论来分析卡特尔是否成功的情况。

在两家市场参与者形成的市场里，作为博弈的规则，假定两家同时确定产量。所谓同时确定是指在不知他家产量的情况下，首先必须确定自家的产量。各个企业应采取的选择有两个，一是"协调"，是指有垄断利润时各自分得产能的一半；二是"竞争"，是指评估他家的行动后，采取让自家利润最大化的行动。但对于预测对方采取协调和采取竞争这两种情况来说，竞争时的产量会发生变化。前者，即竞争企业减产时的背信行为，与后者相比，增产可获得利润（见本书第 8 章第 1 节）。最后，各企业的收获可做如下计算：

当确定了市场整体产量时，为使供给量等于需求量，须在需求曲线上确定价格。由此便确定了各个企业的收入。于是，如果收入扣除生产成本，可算出利润。

有关囚徒困境博弈论会形成怎样的结果，我们将在本章第 3 节中加以讨论。虽然两个企业都需要卡特尔，但在这个博弈中，卡特尔是不会成立的。对于两个企业来讲，虽然协调能达成所希望的结果，但在协调不成立时可形成被称作**囚徒困境**的境况。此概念源于一场审讯，即因较轻的罪行被逮捕的两个人在接受重罪的调查时，是否保持沉默的问题。如果两人都能保持沉默，就能以轻罪被判刑。关于重罪的判处，如果坦白，司法部门会对同伙判重刑而自己将被判无罪。为此，二人都以坦白来应对，以免被判重刑。囚徒困境博弈揭示出了人们的自私行为难以形成协调的情况。

6.2 格式化的博弈

1. 展开型博弈：依次行动博弈

将博弈格式化的方法有两种：一种是**展开型博弈**，一种是策略型博弈。在本小节里，我们着重用展开型博弈说明上一节介绍的“阻止进入的恐吓博弈”。在展开型博弈里，博弈者（消费者、企业和政府等）、博弈者行动的顺序、博弈者所拥有的信息、可采取行动的选项、所有行动的结果所产生的收获（如果是消费者，是指效用；如果是企业，是指利润）等因被格式化，所以形成了一个博弈。

展开型博弈用**博弈树**来表示。图 6－1 所示即为“阻止进入的恐吓博弈”中的博弈树。展示了博弈者行动位置的四边形（进入企业和垄断企业的四边形）被称作节点。所谓博弈树就是用线将节点联系起来。从各节点出发的线表示博弈者可采取的行动，即进入企业是“进入”还是“不进入”；垄断企业是采取“高价格”还是“低价格”。博弈者从可选择的行动中选择其一。在图 6－1 所示的博弈中，第一轮是，进入企业选择是“进入”还是“不进入”；第二轮是，垄断企业在知晓进入企业选择的结果后，是选择“高价格”还是“低价格”。因此，给博弈者的行动定顺序的博弈被称作**依次行动博弈**。

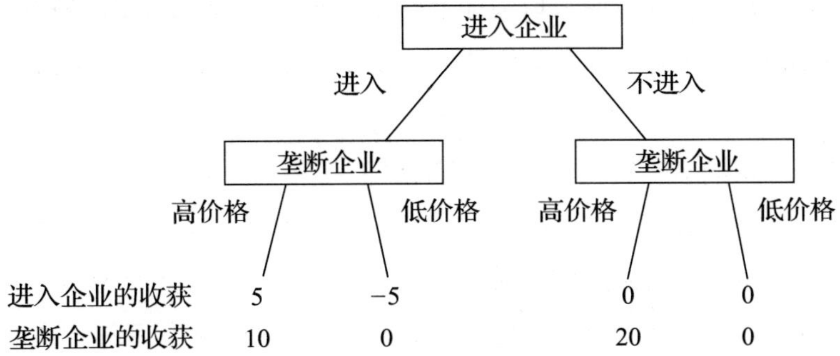

图6-1　展开型博弈：阻止进入的恐吓博弈

最后，因博弈者的行动而产生的收获被记录下来。即垄断利润为20，如果因进入而导致的沉没成本为5的话，可得到位于图下的收获组合。寡头垄断企业由于早已支付了沉没成本，因此不必再支付。而进入企业的收获是这样计算的，在选择“进入”时所得的收获是，当寡头垄断企业采取高价时，商品的垄断利润为20中的一半，即10，扣除沉没成本的5，结果是5。如果寡头垄断企业采取低价格，那么，在商品市场上利润为零，而进入企业由于要支付沉没成本5，因此它的获利为-5。如果选择“不进入”，那么，进入企业的利润为零，因为不用支付沉没成本，所以收获为零。

2. 展开型博弈：同时行动博弈

在前面，我们说明了博弈者按顺序采取的依次行动博弈。在本节中，我们将着重阐述展开型的表述方法，即正如“卡特尔的囚徒困境博弈”那样，对**同时行动博弈**进行描述。如图6-2所示，企业1选择了“竞争”或是“合作”；企业2在不知企业1选择哪一种的情况下，选择了“竞争”或是“合作”。企业2虽然并不掌握企业1处于什么样的节点的信息，但可将两个节点用虚线连接起来。企业2虽然不知道左右节点在哪个位置，但是知道自己处在哪里。这样，我们把存在可能性的某个节点的集合称作“信息集合”。

收获的数值引用了本书第8章表8-2在市场需求和企业生产成本条件下所产生的结果。对于该数值是如何获得的，请参考本书第8章第1节。从收获的特征上看，对于两个博弈者来说，虽然合作比竞争更受欢迎（450 > 400），但是，如果对方合作时，自己采取竞争行动相对较为有利（500 >

450)；在合作时，反其道而采取竞争行为，与相互竞争时相比，结果更不理想（375 <400）。

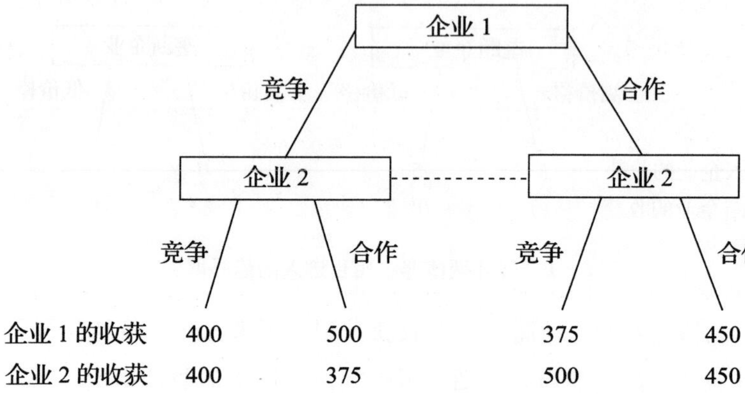

图 6－2　展开型博弈：卡特尔的囚徒困境博弈

3. 策略

接下来，我们给**策略**下个定义。策略和行动有些相似，但毕竟是不同的两个概念，因此需要特别注意。所谓行动是指各博弈者在各个节点上所能采取的措施。在阻止进入的恐吓博弈里，进入企业可采取“进入”或是“不进入”两者之一的行动；而寡头垄断企业也可采取“高价格”或是“低价格”两者中的任何一个。在囚徒困境博弈里，企业 1 和企业 2 也可分别采取“合作”或是“竞争”两者中任何一个行动。而所谓策略就是在“博弈开始的时刻”以及以后的集合点或是信息集合上，展示自己所采取的所有行动。

对于阻止进入的恐吓博弈中的进入企业来说，策略和行动完全一致。换言之，进入企业只在博弈开始时行动，由于不依附寡头垄断企业的行动，因此所采取的策略就是“进入”或是“不进入”这两者。同样，此事也适于卡特尔的囚徒困境博弈中的企业 1，企业 1 也是“竞争”和“合作”这两个选择。

接下来，考虑阻止进入博弈中寡头垄断企业的策略。寡头垄断企业在努力展示博弈开始时的策略时，由于此前不知进入企业所采取行动的结果，寡头垄断企业对今后应采取的行动依赖于进入企业的行动。例如，如果进入企业采取“进入”，会选择“低价格”；如果采取“不进入”，那么就采取“高价格”，这就是寡头企业的策略之一。我们把它用“低价格、高价格”这个策略来表示。靠前的“低价格”表示，当进入企业采取“进入”的情况下，寡头垄断企业的行动即为“低价格”。后续的“高价格”表示，当进入企业采取“不进入”的情况下，寡头垄断企业的行动就是“高价格”。从整体来讲，寡头垄断企业的策略有四种：即“高价格，高价格”“高价格，低价格”“低价格，高价格”“低价格，低价格”。但是，在卡特尔的囚徒困境博弈中，企业 2 由于不知道在信息集中上自己处在哪个节点上，所以，其行动不依靠企业 1 的行动，还是“竞争”和“协调”两种。

各个博弈者从策略选择中要选择其中之一的，我们称之为**纯粹策略**。在博弈者给其策略附上概率的情况下，我们称其为**混合策略**。所谓混合策略，比如企业 1 选择“竞争”的概率是 0.6，选择“合作”的概率为 0.4 等。在本书中，我们只考察纯粹策略。

4. 策略型博弈

与展开型博弈并列的另一个博弈的格式就是**策略型博弈**。策略型博弈是指表中所表示的各个博弈者的纯粹策略。表 6 - 1 是以策略型来表示的卡特尔博弈，表 6 - 2 是以策略型来表示的进入阻止。

从卡特尔的囚徒困境博弈来看，企业 1 和企业 2 表示两个企业可从“竞争”和“合作”这两个战略中分别选择其中之一。此外，在阻止进入的恐吓博弈中，进入企业的策略也有“进入”和“不进入”两种，但是寡头垄断企业的策略有四种：即“高价格、高价格”“高价格、低价格”“低价格、高价格”“低价格、低价格”。在表 6 - 1 中，行列中的数字组合表示博弈者在采取各种策略时所获得的收获。比如，在卡特尔博弈中，当企业 1 采取“竞争”，企业 2 采取“合作”的策略时，企业 1 的收获是 500，企业 2 的收获是 375。

表 6 - 1　策略型博弈：卡特尔的囚徒困境博弈

		企业 2	
		竞争	合作
企业 1	竞争	400　400	500　375
	合作	375　500	450　450

表 6-2 战略性博弈：阻止进入的恐吓博弈

		垄断企业			
		高价，高价	高价，低价	低价，高价	低价，低价
进入企业	进入	5 10	5 10	-5 0	-5 0
	不进入	0 20	0 0	0 20	0 0

6.3 纳什均衡

1. 何谓纳什均衡

在各个博弈者决定可采取的策略时，会设想对手可采取的策略及思考自己所采取的策略会给对手带来何种影响。如此，虽说试图找到最佳策略，但会实现怎样的策略组合呢？对于这个问题，设置一个较弱的制约并取而代之，会出现一个较为广泛的均衡，这就是**纳什均衡**。纳什均衡是指所有的博弈者把其他的博弈者的策略作为给定的条件，来选择自己最佳的策略（即不想改变其他策略）。如果说这是**最佳反应**的话，那么，纳什均衡可以说是所有博弈者所采取的最佳反应状态的策略组合。当某个策略组合被给定时，其他的策略没有因这个被给定的策略而有所改变，并且如果没人改变自己的策略，那就意味着这个策略组合达到了均衡。

2. 纳什均衡：卡特尔的囚徒困境博弈

让我们求表 6-1 所表示的卡特尔囚徒困境博弈中的纳什均衡吧。这个博弈的纳什均衡是企业 1 采取“竞争”，企业 2 也采取“竞争”时才得以实现的。我们把这个战略组合写成（“竞争”“竞争”）。括弧里的第 1 项表示企业 1 的策略，第 2 项表示企业 2 的策略。让我们确认一下这个战略组合是均衡的。企业 1 在判断企业 2 选择“竞争”时，如采取“竞争”，收获是 400，而如果采取“合作”，收获就是 375。同样，对于企业 2，如果判断企业 1 采取“竞争”，那么采取“竞争”比选择“合作”收获会更大（400 > 375）。如此，（“竞争”“竞争”）这种战略组合对于两个企业来讲都是最佳反应，因此，达到了纳什均衡。

接下来，让我们明确一下（“竞争”“竞争”）以外的战略组合达不到纳什均衡的情况。首先，（“合作”“竞争”）如何？当判断企业2选择“竞争”时，企业1如果采取“合作”，那么它的收获就是375，如果采取“竞争”，那么它的利得就是400，采取“竞争”有利。因此，（“合作”“竞争”）不是纳什均衡。对手不合作而采取竞争行动时，自己也采取竞争行动从直观上看是可以接受的。同样，（“竞争”“合作”）也不是纳什均衡。接下来，我们考察一下（“合作”“合作”）。当企业1判断企业2采取“合作”时，如果企业1采取合作，那么收获就是450，如果采取“竞争”，那么收获就是500。因此，（“合作”“合作”）也不是纳什均衡。这个结果令人深思。那么为什么会是这样的呢？当采取（“合作”“合作”）时，两个企业的收获都是450。虽然高出采取（“竞争”“竞争”）时所获得的收获400，但是实现不了。也就是说，对于两个企业来说，虽然相互合作（实行卡特尔）比较理想，但由于相互采取了自私行动，因此，没能达成合作（达不成一致或者说即使达成一致，实际上也会出现背叛）。

3. 卡特尔的可能性

现实中，许多卡特尔和串通投标被公平交易委员会取缔。但是，难道卡特尔在理论上会不成立吗？实际上，这里所介绍的博弈的一个特征就是一次性博弈。这种情况指的是，卡特尔成立后每次交易都不是连续进行的。通常，现实中的卡特尔和串通投标是连续进行的。相反，以连续交易为前提，各个卡特尔每次都会成立的。对于本书第8章来说，在卡特尔连续进行的情况下，我们阐述了其成立的可能性。

4. 纳什均衡：阻止进入的恐吓博弈

接下来，我们求表6-2所表示的阻止进入博弈的纳什均衡。在这个博弈里，有以下3个纳什均衡，即第1（“进入”“高价格”“高价格”），第2（“进入”“高价格”“低价格”），第3（“不进入”“低价格”“高价格”）。

首先，让我们确证（“进入”“高价格”“高价格”）的策略组合是否达成均衡。进入企业在选择“进入”时，寡头垄断企业就会采用“高价格”，收获是10；如果选择了“低价格”，收获会是零。因此，进入企业在选择“进入”时，寡头垄断企业（“高价格”“高价格”）的策略成为最佳反应。接下来，我们假设寡头垄断企业采用（“高价格”“高价格”）战略，这表示进入企业在“进入”时，寡头垄断企业选择“高价格”，进入企业选择“不进入”时，寡头企业还是选择“高价格”。此时，进入企业选择“进入”，收获是5；选择“不进入”，收获是零。因此，还是选择“进入”为好。所以，（“进入”“高价格”“高价格”）成为纳什均衡。

接下来，我们再来确认（“进入”“高价格”“低价格”）也同样是纳什均衡。寡头垄断企业在进入企业选择“进入”时，采取“高价格”为好。如果进入企业选择“不进入”，寡头垄断企业选择“低价格”，那么利润为零。因此，此种行为不妥当。实际上该注意的是，进入企业是不会选择“不进入”的。为此，针对进入企业的“进入”行为，寡头垄断企业的（“高价格”“低价格”）也成为最佳反应。此外，寡头垄断企业选择（“高价格”“低价格”）时，进入企业如果选择了“进入”，此时收获为5，选择“不进入”时，收获为零，因此，选择“进入”还是明智的。所以，像这样的策略组合也是纳什均衡。

最后，让我们展示（“不进入”“低价格”“高价格”）也是纳什均衡。进入企业在选择“不进入”时，寡头垄断企业还是选择“高价格”为好（20>0）。另外，寡头垄断企业当选择（“低价格”“高价格”）时，进入企业选择“不进入”比选择“进入”更有利（0>−5）。所以，这个策略组合也是纳什均衡。

所有的三个策略组合如果将对手的策略当作给定的，那么，自我的策略都能达到最佳反应。因此，它们都是纳什均衡。但是，各个企业所得利润的大小有明显差异。对于寡头垄断企业来说，最想得到是第3个均衡（20>10）；而对于进入企业来讲，最想得到的是第1或是第2个均衡（5>0）那么，哪种均衡更现实呢？关于这个问题我们将放到下一节阐述。

6.4 子博弈完全均衡

1. 恐吓

当存在多个纳什均衡时，哪个均衡更有现实性呢？或者说，多个均衡中的每一个是否都具有说服性呢？在本节中，我们将对此问题做出一个回答，即子博弈完全均衡的概念。这就像博弈1那样的针对依次行动博弈的基本均衡概念。在纳什均衡里，子博弈完全均衡是为排除缺乏说服力的均衡而产生的均衡概念。

对于阻止进入的博弈来说，纳什均衡有三种：即①（“进入”“高价格”“高价格”）；②（“进入”“高价格”“低价格”）；③（“不进入”“低价格”“高价格”）。其中，在第3个均衡中，包含一种恐吓的意思。假如进入企业选择“进入”，那么，寡头垄断企业会选择“低价格”。于是，对于进入企业来讲，由于不进入最好，第3个策略组合达成均衡。所以，寡头垄断企业成功完成了阻止进入而获得巨大的收获。如果进入企业选择“进入”，选择“低价格”的寡头垄断企业的行为就成为对进入企业的一种恐吓，促使进入企业采取“不进入”行动。

但是，假如进入企业选择“进入”，那么寡头垄断企业如果要采取“低价格”，收获就为零，而采取“高价格”最为有利，此时的收获为10。因此，如果进入企业果真采取“进入”行动，寡头垄断企业采取“低价格”便不是明智的选择。进入企业如果不选择“进入”，寡头垄断企业采取“低价格”“高价格”是合理行为。假如事实上进入企业选择“进入”，此时，寡头垄断企业不采取“低价格”更为合理。如此，此种恐吓行为在实际行动时由于包含并不选择的行动，会增加自己的收获并尽量压低对手的收获。而且寡头垄断企业会设想，如果进入企业选择“进入”，他会选择“高价格”，所以寡头垄断企业的（“低价格”“高价格”）策略作为恐吓缺乏信赖性。因此，寡头垄断企业的这种策略被叫作**恐吓**（或者说无诚信的恐吓）。

2. 何谓子博弈完全均衡

把恐吓这样的策略作为均衡不十分妥当。子博弈完全均衡可从纳什均衡中排除这样的均衡。

在定义子博弈完全均衡之前，先定义一下**子博弈**（部分博弈）。所谓子博弈，是指始于包含在原来博弈中的某个单一节点，由接下来的博弈树、信息总汇和收获函数而产生的博弈。原来的博弈也可看作一个子博弈。在卡特尔的囚徒困境博弈的例子中，除了原来的博弈，再没有子博弈了。这是因为在决定企业2的行为时，从单一的节点那里得不到信息总汇。在阻止进入的恐吓博弈里，从进入企业那里开始的原来的博弈基础上，当进入企业选择“进入”时，由决定寡头垄断企业行动的节点、其下面的博弈树及收获所构成的博弈就成了子博弈。同样，进入企业在选择“不进入”时由决定寡头垄断企业行为的节点、其下面的博弈树及收获那里得到的博弈也称作子博弈。此时，子博弈有3个。

当确定了子博弈后，定义子博弈完全均衡就比较容易了。所谓**子博弈完全均衡**，是指在所有的子博弈中，都达到了纳什均衡的策略组合。

在阻止进入博弈中，让我们说明③（“不进入”“低价格”“高价格”）不能成为子博弈完全均衡的情况。在进入企业选择“不进入”时的子博弈中，寡头垄断企业采取“高价格”是最佳反应；但在进入企业选择“进入”时的子博弈中，寡头垄断企业采取“低价格”不是最佳反应。因此，这个战略组合虽然是纳什均衡，但不是子博弈完全均衡。同样，②（“进入”“高价格”“低价格”）也不是子博弈完全均衡。进入企业在选择“不进入”时的子博弈中，寡头垄断企业采取“低价格”不是最佳反应。

其次，①中的（“进入”“高价格”“高价格”）向我们展示了子博弈完全均衡。对于寡头垄断企业来讲，进入企业选择“进入”时，采取“高价格”，当进入企业选择“不进入”时，也采取“高价格”是各个子博弈的最佳反应。此外，在原来的博弈中，对于进入企业来讲，对于寡头垄断企业的“高价格”“高价格”的战略，选择“进入”最佳（5>0）。如此，（“进入”“高价格”“高价格”）这个策略组合，在所有的子博弈中都是纳什均衡。因此，我们称之为子博弈完全均衡。

在说明子博弈完全均衡时，先从博弈结尾处的两个子博弈开始分析，然后，再把讨论转移到博弈最初的子博弈上。这样，从博弈的结尾开始将其推理到最佳反应，被称作**反向归纳法**，它是我们在求子博弈完全均衡中经常使用的惯用手法。

3. 阻止进入的可能性

在应用阻止进入的恐吓博弈中，很明显，阻止进入不会成功。那么，难道阻止进入就不能实施吗？实际上，与卡特尔的囚徒困境博弈一样，通过思考不同的博弈规则，可使阻止进入成为可能。在本章的博弈里，由进入企业先出牌，而寡头垄断企业在进入企业决定进入之前，假如采取某种适当手段，会成功地使这种进入停留在决策阶段。手段之一就是以足够的诚信告知进入企业，进入会蒙受损失。这种手段被称为承诺。另一个手段就是当进入企业不完全掌握有关寡头垄断企业的信息时，可实施阻止进入的策略。例如，在出现进入时，寡头垄断企业如果能形成会采取低价格这样的评判，也是能阻止进入的。承诺和形成评判等就是策略行动之一。关于这些内容，我们将在本书第 11 章做详细分析。

小栏目 5

囚徒困境和竞争政策

对于卡特尔的囚徒困境博弈而言，企业展示了缔结卡特尔却难以获得高额利润并从囚徒困境的状态下脱身的事实。在所描述的博弈状态下，合作虽达不到均衡，因存在不确定的理由，博弈的前提是会改变的，即如果能改变博弈的规则，就能阐述卡特尔存在的可能性。此外，在阻止进入的恐吓博弈里，在假定的前提下，展示了阻止进入不可能实现的情况。如果寡头垄断企业能够提前实施策略行动，则暗示了阻止进入成为可能的情况。对此，企业会考虑运用某种手段来获得垄断利润。

如果把囚徒困境中的双寡头垄断作为前提来考虑，双寡头企业如果能以某种形式改变博弈规则，就能摆脱囚徒困境而增加利润，即：①缔结卡特尔可获得均衡；②通过兼并、并购而成为寡头垄断企业也可达到均衡；③将对手从市场上驱逐而形成垄断企业也可达成均衡。

我们将在本书第 8 章和第 12 章就其可能性进行探讨。

如果从经济福利的观点来看博弈规则的改变，该竞争虽有悖于企业的愿望，但从社会观点来观察总剩余，却达到了理想的效果——因竞争使价格下降，从而提高了产量。因此，应该如何看待企业的策略行动，成了竞争政策的主要课题，即：①如何预防卡特尔（见本书第 8 章）；②如何阻止垄断性兼并和并购（见本书第 9 章、第 10 章）；③如何阻止排除竞争对手而形成垄断的企业行为（见本书第 11 章、第 12 章）。此三点成为竞争政策的三大支柱。

参考文献

[1] 岡田章[2008]『ゲーム理論・入門——人間社会の理解のために』有斐閣。

[2] 梶井厚志・松井彰彦[2000]『ミクロ経済学——戦略的アプローチ』日本評論社。

[3] 神戸伸輔[2004]『入門・ゲーム理論と情報の経済学」日本評論社。

[4] ギボンズ、R.(福岡正夫・須田伸一訳)[1995]『経済学のためのゲーム理論入門』創文社。

[5] 柳川隆・町野和夫・吉野一郎[2008]『ミクロ経済学・入門——ビジネスと政策を読みとく』有斐閣。

练习题

1. 求下例策略型博弈的纳什均衡。“上”和“下”是参与者 1 的策略，“左”和“右”是参与者 2 的策略。

	左	右
上	0. 2	2. 2
下	3. 0	0. 3

2. 请将下列展开型博弈用策略型博弈表现出来。另外，求这个博弈的纳什均衡和子博弈完全均衡。

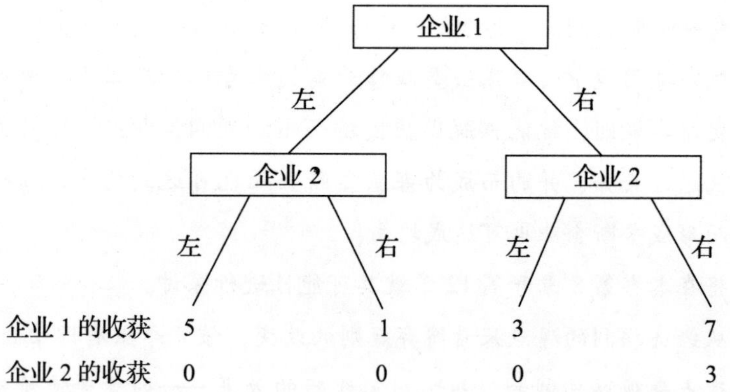

第 7 章 寡占市场理论

导 论

在本书第 2 章和第 3 章里，我们探讨了在完全竞争市场和寡头垄断市场里如何确定价格和产量。那么，寡占市场又是怎样决定价格和产量的呢？在本章里，利用本书第 6 章学习过的博弈论，进一步阐述寡占市场是如何确定价格和产量的。在寡占市场的均衡中，会出现许多特征，结果也不局限一个答案。此外，在自由进入和退出的情况下，寡占企业的数量是如何决定的？在本章里，我们还将说明进入寡占市场的企业数量受到市场的哪些因素的影响。

关键词

古诺竞争、波特兰竞争、反应函数、策略替代、古诺极限定理、斯塔尔伯格竞争、横向产品差异化、纵向产品差异化、广告、研究开发、策略互补。

7.1 寡占市场中的价格和产量

1. 寡占市场产量的确定

在本书第 2 章里，我们探讨了在完全竞争市场里企业是如何决定产量的问题。各个企业以市场给定的价格为准，策划和定出可生产和销售的产量。结果是，当价格等于边际成本时的产量会使经济福利最大化。此外，在本书第 3 章中的寡头垄断企业里，我们还分析了企业是如何决定产量的。寡头垄断企业以需求曲线为准来做出判断，即以市场上可销售的价格和产量的组合来决定使利润最大化的产量。结果是，除了完全价格差异外，因寡头垄断企业所定的价格高于完全竞争时的价格，因此，产量少于完全竞争市场时的产量，经济福利也小于完全竞争时的福利。总之，在决定产量时，两者的一个共同点就是不必考虑其他企业的产量。那么，介于完全竞争市场和寡头垄断市场中间的寡占市场里，企业又是如何决定产量的呢?

2. 卡特尔

像本书第6章的卡特尔的囚徒困境博弈那样，两个企业在决定产量时，每个企业都受到另一个企业所采取行动的影响。如果两个企业缔结卡特尔，各自生产垄断均衡时产量的一半，那么每个企业的利润总和就最大。有关卡特尔的可能性问题将在本书第8章展开讨论，如果考虑在卡特尔成立的情况下，随着缔结卡特尔的企业数量的增加，各个企业的产量会随之减少。在 n 个企业进行卡特尔的情况下，如果将达到垄断均衡的产业整体的产量由各个企业均分，产业整体利润（垄断利润）用 π^M 来表示，各个企业的利润就是 π^M/n。

3. 古诺竞争

接下来，让我们思考一下各个企业竞争的情况吧。在本书第6章的囚徒困境博弈中，企业在决定价格时思考的是竞争还是合作。实际上，企业可在连续的数值中选择产量（即产量的个数或者重量）。如果各个企业在采取竞争的情况下，它们又是如何决定产量的呢?

对这个问题的最具代表性的回答就是**古诺竞争**。所谓古诺竞争，就是各个企业把别的企业的产量作为已知的条件来选择使自家利润最大化的产量。由于古诺竞争是选择产量的竞争，因而也称数量竞争。在古诺竞争中，满足下列条件时的产量组合称作古诺均衡，即每个企业通过相互实施古诺竞争，把另一个企业的产量作为给定值来选择自家产量。换言之，用他方的产量来决定我方的产量，我方断定他方的产量从而决定自家的产量。在这种情况下，每个企业推测的他方的产量就是他方实际的产量，此外，因断定了他方的产量大小，从而把我方的产量定位最佳，因而各个企业不会试图变更产量。在古诺均衡里，各个企业都针对他方的行动（产量）决定我方的最佳行动（最佳反应），从而达到了纳什均衡。为此，古诺均衡也称作古诺-纳什均衡。在古诺竞争中，产量是如何决定的我们将在本章第2节详述。

4. 波特兰竞争

在本书第 6 章阻止进入的恐吓博弈中，垄断市场的企业决定在新进入发生时，让价格等于边际成本。当价格确定后，产量就在这个价格基础上使其等于需求量。在古诺竞争中，企业决定产量，市场决定价格。与古诺竞争不同，企业围绕定价的竞争叫作**波特兰竞争**。

在同质商品的市场里，产量相当的企业如果进行波特兰竞争，价格就会降到与边际成本相等的程度。此种情况可以这样理解，在图 7－1 中，企业 1 起初定价为 P'，市场需求量为 Q'。

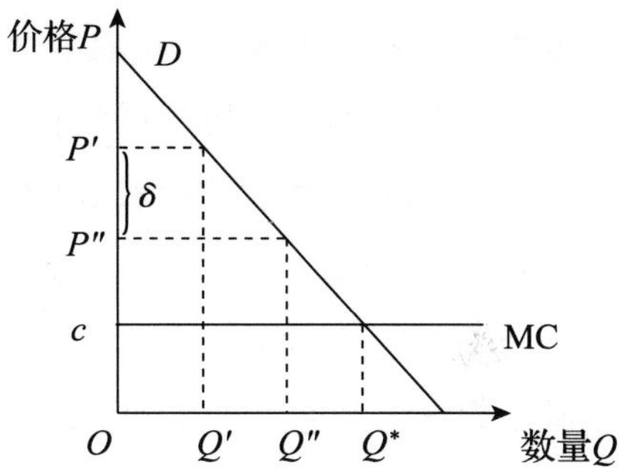

图 7－1 同质商品的波特兰竞争

于是，企业 2 如果在 P' 基础上将价格微调 δ，新的价格降到 $P''(=P'-\delta)$。那么企业 2 就会从企业 1 那儿将全部需求拿走，新的产量定在 Q'' 上。在这里，我们设想的情况是同质的商品市场，消费者完全知晓有关价格信息，无论从哪家企业购买都不付成本的市场。于是，消费者只要有一分钱的便宜就会购买，这样，只要企业定价便宜一分钱，就能垄断市场（请注意在没有足够的生产能力的情况下，是不能垄断市场的）。

作为对抗，企业 1 会比企业 2 制定更低的价格。接下去，企业 2 又会制定比企业 1 更便宜的价格……

最终这些行动会持续下去，直到价格等于边际成本。即使企业的数量多于两个，该结论也不会出现变化。

当然，这样的结果会诱使企业缔结卡特尔，避免竞争。这是本书第 8 章的问题。在本小节里，我们只考察两个企业如果进行这样的价格竞争，会形成什么样的结果。

7.2 古诺竞争

1. 古诺竞争：双寡头

在企业 1 和企业 2 这两个企业形成的某同质商品的双寡头市场里，如果进行古诺竞争，让我们分析一下企业是如何决定价格和产量的。如图 7－2 中的 DD，市场需求曲线是 $P=70-Q$。这里，P 是市场价格，Q 是市场整体产量。如果企业 1 的产量为 q_1，企业 2 的产量为 q_2，那么可以写成 $Q=q_1+q_2$，并且，各个企业的成本函数为 $C_i=10q_i(i=1、2)$。这表示各个企业的生产技术相同，没有生产的固定成本，边际成本等于平均成本 10。

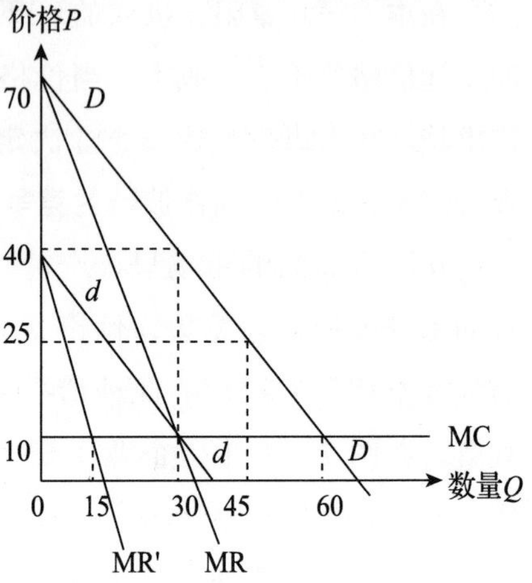

图 7－2　古诺竞争

企业 1 把企业 2 的产量当作给定时而求其利润最大化。这是指从市场需求中扣除企业 2 的产量，这意味着把剩余需求当作需求曲线，企业 1 向垄断企业那样采取行动。如果设想企业 2 的产量为零，那么市场需求曲线就是企业 1 的需求曲线 DD，企业 1 就会选择边际收入 $70-2q_1$ 与边际成本 10 相等时的寡头垄断产量 30（见本书第 3 章第 1 节）。此外，如果设想企业 2 的产量是 60，价格为 10，那么，企业 1 以此为基础再增产时，它会因价格小于边际成本（＝平均成本）而只能停止生产。当设想企业 2 的产量为 $q_2=30$ 时，那么企业 1 的剩余需求如需求曲线 dd 那样，为 $P=40-q_1$。企业 1 会选择边际收入 $40-2q_1$ 等于边际成本 10 时的产量，即产量为 15。此时，总产量为 45，市场价格为 25。

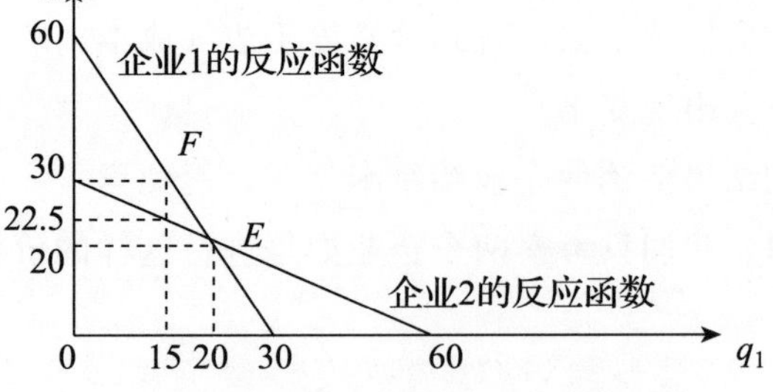

图 7－3　古诺竞争的反应函数

如图 7－3 所示，作为对企业 2 产量的反应，企业 1 制定的最佳产量叫作企业 1 的**反应函数**（或叫作反应曲线）；作为对企业 1 产量的反应，企业 2 制定的最佳产量叫作企业 2 的反应函数。这些和本书第 6 章阐述的最佳反应相同。考虑到企业2的产量越大，从企业1的剩余需求曲线得到的边际收入就越小，随之产量就越少。这意味着反应曲线呈右下延伸。反应曲线向下倾斜叫作**策略代替**。所谓策略代替是指一方选择的变量值如果变大，另一方就会与此对应，将选择的变量值变小。

那么，让我们求解企业1反应曲线的方程式吧。企业1的利润为 π_1，即 $\pi_1=(70-q_1-q_2)q_1-10q_1$。利润是（收入）-（成本），而收入是（价格）×（产量），右边的第1项为收入，第2项为成本，如果将这个方程式改写为 $\pi_1=-q_1^2+(60-q_2)q_1=-[q_1-(60-q_2)/2]^2+[(60-q_2)/2]^2$，那么企业1的利润依赖于企业2的产量，利润最大化时产量的反应函数是 $q_1=30-q_2/2$。（利润右侧的第2项 $[(60-q_2)/2]^2$ 和 q_1 没关系。因第1项 $-[q_1-(60-q_2)/2]^2$ 为零或为负值，如果选择第1项为零的 q_1，则利润为最大）。同样，企业2的反应函数为 $q_2=30-q_1/2$。（如果熟悉微分的读者可对 $\pi_1=(70-q_1-q_2)q_1-10q_1$ 中的 q_1 进行微分，从中得出第一阶条件为 $70-q_1-q_2-q_1-10=0$，从而求得反应函数 $q_1=30-q_2/2$。

古诺均衡是图中的两个反应函数的交点 E。在计算过程中，将两个反应曲线作为联立方程式来求解，得出20。让我们确认一下 E 点是否均衡。企业1如果判断企业2的产量是20，企业1沿着自己的反应曲线决定最佳产量，得出20。同时，企业2如果断定企业1的产量是20，就会沿着自己的反应曲线，确定最佳的产量，得出20。企业1断定企业2选择20，会选择最佳产量20；而企业2也会断定企业1的产量，选择最佳的产量，得出20。如此，由于相互都是最佳反应，点 E 的产量就是古诺均衡中的产量。

那么，让我们认定一下点 E 以外有无均衡的情况。例如，在点 F 中，企业1一旦设想企业2的产量是30，那么最佳产量应为15，如果企业1选择了产量为15，企业2的最佳产量为22.5，企业1设想的产量30不会成为企业2的最佳反应。因此，点 F 的产量相互之间没能成为最佳反应，呈非均衡状态。在古诺均衡中，整体市场的产量为40，市场价格为30，各个企业的利润为400。

下面我们用较为一般的符号来计算一下古诺均衡吧。首先，假定需求曲线为

$$P=a-bQ=c+b(S-Q)$$

注：$S=(a-c)/b$ 和 $a-bQ=c+(a-c)-bQ=c+b(a-c)/b-bQ=c+bS-bQ$。

然而，a 和 b 为参数（对于上面的反应函数式来说 $a=70$　$b=1$），$S=(a-c)/b$ 是价格 = 边际成本时（$P=$）$a-bQ=c$，也就是 $Q=(a-c)/b$ 时产量 Q 的大小，它表示完全竞争市场中的市场规模（该大小用图 7-4 中的 S 表示）。各企业的生产成本假定为 $C_i=cq_i(i=1、2)$，企业 1 设想企业 2 的产量为 q_2。于是，企业 1 会认为我方的需求为 $q_1=Q-q_2$，此时企业 1 的利润为

$$\pi_1=(P-c)q_1=b\{S-(q_1+q_2)\}q_1$$

注意：$P-c=b(S-Q)$ 如果把这个数式重写，那么

$$\pi_1=-b\left(q_1-\frac{S-q_2}{2}\right)^2+\frac{b(S-q_2)^2}{4}$$

对此，企业 1 的反应函数是 $q_1=S/2-q_2/2$，同理，企业 2 的反应函数为 $q_2=S/2-q_1/2$。

古诺均衡是对两个反应曲线组成的联立方程式求解而成，结果是 $q_1=S/3$。此时，市场整体的产量为 $Q=2S/3$，价格为 $P=c+bS/3$，各企业的利润为 $\pi_i=(P-c)q_i=bS^2/9$。

2. 古诺竞争：寡占

接下来，让我们看一下企业数为 n 的寡占市场的古诺均衡。在这里，还是假定各企业的生产技术相同，企业 i 的成本函数为 $C_i=cq_i(i=1, 2, \cdots, n)$。需求函数为 $P=a-bQ=c+b(S-Q)$，市场整体的产量为 Q，即 n 家企业产量的总和为

$Q=q_1+q_2+\cdots+q_n$ 对企业 1 来说，其他企业的产量总和为 $Q_{-1}=Q-q_1=q_2+q_3+\cdots+q_n$。于是，企业 1 的利润为

$$\pi_1=(P-c)q_1=b\{S-b(q_1+Q_{-1})\}q_1$$

企业 1 的反应函数与双寡头时一样，可求出为 $q_1=S/2-Q_{-1}/2$。同理，企业 i 的产量为 $q_i=S/2-Q_{-i}/2(i=1, 2, \cdots n)$。将 n 个企业各自的产量 q_i 相加，可得到 n 个企业的总产量为

$$Q=nS/2-(n-1)Q/2$$

要注意的是$(Q_{-1}+Q_{-2}\cdots+Q_{-n}=(Q-q_1)+(Q-q_2)+\cdots+(Q-q_n)=(n-$

$1)Q$。求解后，古诺竞争的市场整体产量为 $Q=nS/(n+1)$。此时，各企业的产量为$q_i=Q/n=S/(n+1)$，市场价格为 $P=c+bS/(n+1)$，各个企业的利润为 $\pi_i=(P-c)q_i=bS^2/(n+1)^2$。

然而，当 $n=1$ 时，为寡头垄断，$n=2$ 时，与双寡头的结果一致。此外，当 n 增大时，价格会下降，市场产量也会随价格而增加。当 n 无限大时 $P=c$、$Q=S$，从而达到完全竞争的市场均衡。这就是**古诺极限定理**。

在本节中，因为是相同的商品以同一成本生产的对称性企业，因此可以说，各企业的产量都相同。所以，以此来求解就可以简单地算出各企业的产量，即各企业的产量为 q_i。换言之，设 $Q_{-i}=(n-1)q_i$，然后将其代入表示双寡头古诺均衡的数式里，结果是，$q_i=S/2-Q_{-i}/2$，代入 $q_i=S/2-(n-1)q_i/2$。求解后为 $q_i=S/(n+1)$。

7.3 寡占市场构造

1. 寡占市场的价格

让我们整理一下本章第1节和第2节的结果。如图7-4所示，在双寡头的情况下，企业采取不同的行动其结果大不一样。如果两个企业合作结成卡特尔，那么在市场上，就会形成与垄断相同的价格和产量。两个企业如果展开波特兰竞争，那么其结果会和完全竞争的结果一样。而在古诺竞争的情况下，其结果会处于两者之间。此外，在寡占的情况下，对于卡特尔和波特兰竞争来说，企业数即使增加，也会形成与双寡头的情形一样。而在古诺竞争的情况下，企业数一旦增加，产量也会增加，价格随之下降。当 n 到达极限，即无限大时，价格和产量会趋向于完全竞争市场的结果。在古诺竞争中，当企业数量较多时，可以说近似达成完全竞争的状态。

对波特兰竞争而言，假定比竞争企业价格稍便宜一点的话，就可能夺取全部的市场需求。而对于古诺竞争而言，企业会选择产量。在市场中，可以认为，所有的供给量和需求量趋于相等时，价格就得到了确定。在这一点上，可以认为波特兰竞争比古诺竞争要激烈。此外，达成一致的卡特尔，其行为如同寡头企业一样，不会出现竞争。所以，对于寡占市场来说，可以说价格因竞争的激烈程度不同而不同，竞争越激烈，价格就越低。

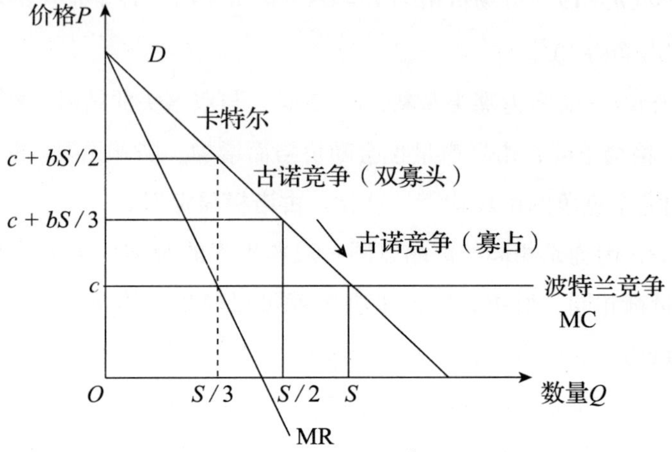

图7－4　寡占市场的价格

2. 寡占市场的企业数量

到目前为止，假定企业数量是在给定的条件下存在于寡占市场上的，即在企业数量给定的前提下，分析了价格如何在市场中成立的问题。那么，寡占市场的企业数量如何决定呢？实际上，在某一商品的市场中，存在着规模不一的企业，假定企业技术水平对称，规模一致，那么企业数量该如何确定呢？

如果市场的进入与退出是自由的，那么只要获利就会产生进入。因此，企业为了进入市场，就必然产生沉没成本 I。于是，企业会根据产品市场中的获利情况来分析，只要能收回进入时的沉没成本，企业就会进入。

在由 n 家企业组成的寡占市场里，如果进行古诺竞争，各个企业所获得的利润大小为 $\pi_i = bS^2/(n+1)^2$。因此，只有达到当利润的大小和沉没成本 I 相等时的企业数量，进入才会停止。如果求解的条件为 $bS^2/(n+1)^2 = I$，那么均衡时的企业数量则为 $n = S\sqrt{b/I} - 1$。

那么假定在企业成功实施卡特尔的情况下，结果又如何呢？参与卡特尔的 n 家企业如果都均等地从事生产活动的话，各个企业可获得的利润为 $bS^2/4[=(P^M-c)Q^M=(c+bS/2-c)S/2]$ 的 n 分之一。在产品市场里所获的利润

为 $bS^2/4n$，进入行为直到各企业利润的大小与沉没成本 I 相等时才停止，所以，均衡时的企业数量为 $n=bS^2/4I$。

与古诺竞争相比，卡特尔时的企业数量增多。该种情况可做如下解释。如果将企业数量相等时的古诺竞争利润和卡特尔时的利润做比较，那么会有 $bS^2/(n+1)^2$、$bS^2/4n$，即分子相同，可比较分母。那么，$(n+1)^2-4n=(n-1)^2$（分母由于古诺竞争较大），当 $n=1$ 时，因同为垄断，所以大小相同；当 $n\geqslant 2$ 时，卡特尔方面的利润较大。这是一种必然的结果，因为对于卡特尔来说不用竞争可共同实现利润最大化。对于古诺竞争来说，与两个企业都实现利润最大化时相比，企业试图增产结果是，市场价格下降，利润减少。当企业数量相同时，卡特尔比古诺竞争的利润还大，在古诺竞争里，当利润和沉没成本相同时，对于卡特尔来说，利润依然可以高过沉没成本，并且，还会有进入的空间。由此可以看出，与实施古诺竞争时的企业数量相比，实施卡特尔时的企业数量会更多。

在企业数量相同时，因实施卡特尔会让利润增大，比起实施古诺竞争，会有更多企业存在。如果进入与退出是自由的，只要利润高出进入所需的沉没成本，就会有进入行为。因此，对于企业来说，即使实施了卡特尔，也不见得获利。不过，只有能在市场立足的企业，数量才能增加。寡占市场的企业数量会根据竞争的激烈程度而改变。从严处理卡特尔而使竞争越来越激烈，市场上的企业数就会减少。

除此之外，寡占市场的企业数量也会因市场规模 S 或沉没成本的大小 I 而变，即市场规模越大，市场中的企业数量就越多，沉没成本的规模越大，企业数量就越少。

7.4 种类繁多的寡占企业行为

1. 斯塔尔伯格竞争

古诺竞争考虑的是企业同时选择产量。对此，思考一下被称作**斯塔尔伯格竞争**，给生产决策排序情况下的竞争吧。在双寡头市场中，假定企业 1 作为先行者先行决定产量，企业 2 作为追随者随后决定产量。

企业1如能首先确定产量，会采取何种行动呢？企业1一旦把产量确定在某个基点上，企业2就会依此考虑选择使自家利润最大化的产量了，即企业1可能会预测到，一旦确定自家的产量，企业2会依据企业2的反应函数，决定自己的产量。于是，企业1一定会考虑企业2的反应函数而确定自己的利润最大化产量。

让我们再次考察一下第2节中例子。企业1一旦确定了产量 q_1，企业2根据反应函数，$q_2 = 30 - q_1/2$ 而决定产量。于是，企业1的利润在考虑到企业2的产量时，为 $\pi_1 = (P - c)q_1 = [60 - q_1 - (30 - q_1/2)]q_1$。可将其改写为 $\pi_1 = -(q_1 - 30)^2/2 + 450$。据此，可得出利润最大化产量为 $q_1 = 30$（懂微分的读者可由 $d\pi_1/dq_1 = q_1 - 30 = 0$，得到 $q_1 = 30$）。

结果是企业2的产量从反应函数中得出 $q_2 = 15$，市场的整体产量 $Q = 45$，市场价格 $P = 25$，两个企业的利润分别为 $\pi_1 = 450$，$\pi_2 = 225$。如预测的那样，企业1与古诺竞争时相比，获得了更多的利润。相反，追随者企业2的利润下降。可以说，企业1作为先行者的优势，能够获得先行者的利益。

想当先行者从而获得先行者之利无论对哪个企业来说都是一样的。无论是哪家，一旦选择了先行者的产量，对于市场来说，与古诺竞争时相比，产量和利润都会增加。那么，哪家企业能成为先行者呢？如果斯塔尔伯格竞争不只决定产量，也决定生产（能力）的顺序竞争的话，就会更有说服力。换言之，最早进入市场的先行企业通过投资来决定生产能力，并且，如果考虑把实际的产量和生产能力对应的话，最初获得较大生产能力的企业就能把实际的产量以可信的形式让其他企业做预测。先行企业可把此举当作一种产量承诺。于是，随后进入的企业研判先期进入的企业的产量，预测实际的产量，以其大小为前提确定随后的生产能力，因而，依反应函数来确定生产水准。

2. 波特兰竞争的产品差异化

在本章中，我们观察了同质商品市场的寡占企业行为，但对于产品差异化市场而言，情况又如何呢？从本书第5章第4节的垄断性竞争来看，在产品差异化市场上企业能够自由进入。那么，在产品差异化的市场中，让我们考虑一下少数企业的寡占情况。

在这里，假定实施了波特兰竞争（价格竞争）。在第1节里，我们论述了在同质商品的市场里，一旦实施了波特兰竞争，那么价格就会回落至边际成本的水准上。然而，对于产品差异化市场来说，要说明的是价格不会回落到边际成本的水准上。

对于差异化商品来说，像同质产品那样，虽不是完全替代，但却有某种程度的替代。为此，一旦某种商品的价格上涨，这种商品的需求就会减少，同时其他商品的需求会增大。假定此事是在由两个差异化商品组成的市场里出现 $q_1 = a - bp_1 + dp_2$，他们各自的需求分别为 $p_1 = (a + bp_2)/b - q_1/b$（或改写成）$q_2 = a - bp_2 + dp_1$。其中（$b > 0$，$d \geqslant 0$）。但是，$p_1$ 和 p_2 分别是企业 1 和企业 2 设定的商品的价格，q_1 和 q_2 分别是企业 1 和企业 2 的产量。假定价格的变化对需求的影响是自家价格比他家价格高，即 $b > d$。此外，如果 $d = 0$，那么各个商品间没有替代，各个市场为寡头市场。图 7－5 展示了企业 1 的需求曲线。企业 1 的需求曲线与纵坐标的切点，在企业 2 的价格上升时而变大。需求曲线向上方移动。

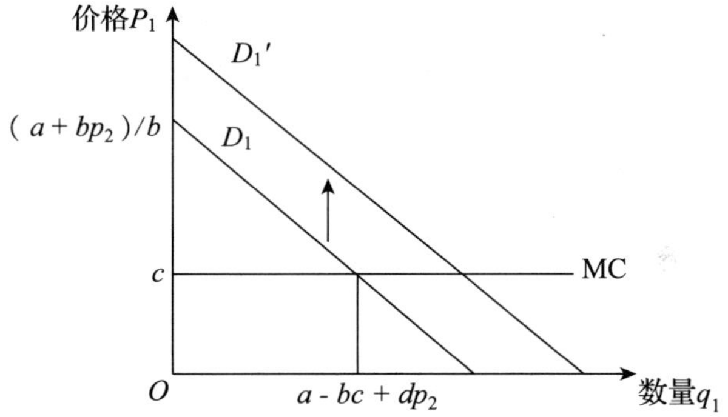

图 7－5　商品差异化的需求曲线

让我们求解企业 1 设定的价格是多少。企业 1 的利润为 $\pi_1 = (p_1 - c)q_1 = (p_1 - c)(a - bp_1 + dp_2) = -b[p_1 - (a + bc + dp_2)/2b]^2 + (a - bc + dp_2)^2/4b$ 与企业 2 的价格相对应，企业 1 的利润最大化价格是 $p_1 = (a + bc)/2b + (d/2b)p_2$，这就是企业 1 的反应曲线。同理，企业 2 的反应曲线为 $p_2 = (a + bc)/2b + (d/2b)p_1$。企业 2 的价格一上涨，企业 1 的价格也会对应上涨。如图 7－6 所示，反应曲线向右侧移动。这是因为，在图 7－5 中，企业 2 价格上涨时，因为需求曲线向上移动，企业 1 利润最大化的价格和数量同时增大。如此一来，当一方选择的变量值增大时，另一方与之对应也使其选择的变量值增大的行为叫作**策略**

互补（此事将在本书第 11 章里讨论策略替代和策略互补的含义）。

那么，让我们求一下均衡时的价格。这个均衡价格可由图 7－6 所示中的两条反应曲线的交点求得，该数值为

$$p_1 = p_2 = c + (a - bc + cd)/(2b - d)$$

图 7－5 所示中，当 $d = 0$ 时，产量为正的条件是 $a - bc > 0$。如果这个条件得到满足，那就表明，此时的均衡价格大于边际成本 c。

此外，当差异程度小，d 值增大时，各企业的反应曲线如图 7－6 那样，均衡由 E 向 E' 移动，价格也随之上涨。

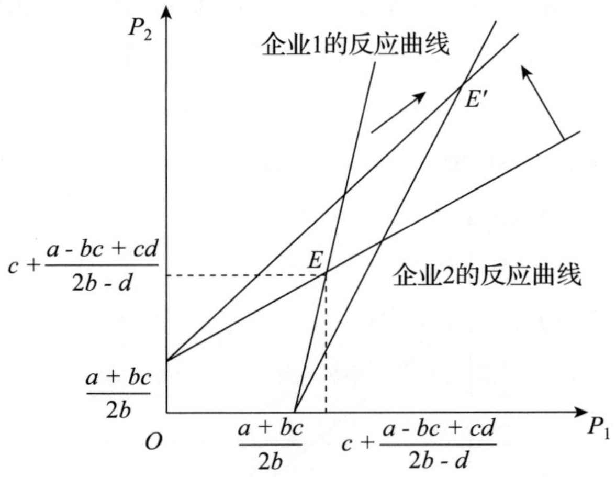

图 7－6　商品差异化波特兰竞争的反应曲线

3. 战略竞争的价格确定

到目前为止，我们除了议论有关寡占市场的价格和产量是如何确定的情形之外，还有许多考量。在本书第 6 章和第 11 章所阐述的为阻止进入所设定的价格也是其中之一。与阻止进入类似，为把已在市场上立足的企业驱逐出去，有时也会设定低于成本价的掠夺价格（见本书第 11 章第 3 节）。根据产业的不同，为了让自家的商品在市场上获得实际上的标准，有时企业也会用低价格来扩大市场规模和市场份额（见本书第 12 章、小栏目 11）。此外，随着累计产量的增大，为获得生产成本下降的学习效果，还会有降价增产的情况等。

如此看来，寡占市场的企业试图以各种方式策略性地定价，而不会像完全

竞争和垄断那样固定不变。在这些策略性的定价行为中，从竞争政策的观点来看，有时要对妨碍市场竞争的行为加以限制。

小栏目 6

广告–研发和市场集中

产品差异化有两种，即横向产品差异化和纵向产品差异化（见本书第5章）。**横向产品差异化**是指消费者偏好的差异化。例如当以同一个价格购买计算机时，有人喜欢台式计算机，有人喜欢便携式计算机。**纵向产品差异化**是指以同一价格购买计算机时，无论是谁都喜欢性能好的商品，由质量和性能的高低而决定的差异化。此外，同一性能的计算机，因厂家品牌力的不同，与其他产品相比的偏好也属于纵向产品差异化范围。一旦能够做到纵向产品差异化，就能设定超出竞争产品的价格，从而获得较高的市场份额。

广告有时具备向消费者提供该商品的价格和质量信息和提高商品知名度或印象，增强品牌力的作用。由于提升品牌力的广告可获得消费者的品牌信心，因而能够做到纵向产品的差异化。对此，**研究开发**是为了降低生产成本的工艺革新和研制新产品的产品革新而进行的。如果能在更优良的产品生产革新上获得成功，也能做到纵向产品的差异化。

在本章第3节里，我们讨论了立足市场的企业数量是由市场规模、进入的沉没成本以及竞争的激烈度决定的。其中，进入的沉没成本根据产业的不同而定，作为进入时所必需的效率规模的投资额则由外在而定。对此，由于广告和研发成本一旦投下就难以收回，其成为沉淀成本的比率大增，这是内在的沉淀成本。

J. 萨顿（J. Sutton）发现，纵向产品差异化的广告和研发对市场集中（见本书第9章第2节）影响巨大。萨顿（1991）指出，对于以广告为重要角色来赢得顾客的产业来说，广告支出的竞争会白热化，沉没成本也随之增大，能够立足市场的企业会越来越少。例如，对于美国冷冻食品产业而言，1950年随着市场的扩大，广告竞争白热化，即使市场规模已经很大，还在大量做广告的企业其市场份额会持续扩大，而份额小的企业的广告费则会压迫效益而难以生存，因此市场趋于集中。同样，萨顿（1998）还发现，对于注重研发的重要产业来说，研发的白热化竞争，也使市场趋于集中。例如，在1960年的黑白胶卷向彩色胶卷转变时和在20世纪80年代的通信产业里，在引进数字交换机之时，因研发竞争升级，市场集中度获得极大提高。

如此看来，对于广告和研发的重要产业而言，广告和研发沉没成本过高，只有少数企业能够存活。然而，广告和研发虽然在沉没成本这一点上相同，但也存在不同之处。不同点之一就是如果和广告不重要的市场并存的话，可能存在不做广告而降低价格的竞争市场。例如，对于冷冻食品，如果是家用的，因广告重要，少数企业的品牌在市场中起支配地位；但如果是业务用的，因价格重要，从冷冻食品整体来看，低价格的非品牌产品也可以同时存在于市场。这一点对于研发的重要产业而言，一旦出现高质量的新产品，低质量的商品就会从市场上退出。

另一点是，由广告而形成的品牌力局限于广告实施的地区，因地域不同，不同厂家产品拥有各自的品牌力。对于重要的研发产业来说，高质量的产品具有跨区域、让更多的市场接受的趋势。例如，汤类的杰出品牌在日本是味之素，美国是坎贝尔，英国是海因茨。速溶咖啡的上品在日本和英国是雀巢，而美国却是通用食品等。对于多数加工食品而言，国家不同，厂家的品牌力也存在多重差异。

参考文献

[1] サットン,J.（酒井泰弘・堀出一郎監訳）[2007]『経済の法則とは何か——マーシャルと現代』麗澤大学出版会。
[2] 柳川隆・川濱昇編[2006]『競争の戦略と政策』有斐閣。
[3] 柳川隆・町野和夫・吉野一郎[2008]『ミクロ経済学・入門——ビジネスと政策を読みとく』有斐閣。
[4] Sutton, J. [1991] *Sunk Costs and Market Structure*, MIT Press.
[5] Sutton, J. [1998] *Technology and Market Structure*, MIT Press.

练习题

1. 参照表9－2，请考虑一下在日本的产业当中寡占企业为什么要寡占。
2. 如本章第1节所述，对于寡占市场而言，有价格等于边际成本的可能性。但实际上如果价格超出边际成本的话，能否列举几个可想到的事例？
3. 在差异化商品的市场里，求古诺竞争时的价格，并与差异化商品的波特兰竞争时的价格做比较？

第 8 章 卡特尔

导 论

在本书第 7 章里，我们阐述了寡占市场中企业的竞争模式。然而，要注意的是，寡占市场中各个企业未必总是采取竞争行动。由于企业数量不多，企业间可通过相互串通来增加彼此间的利益。本章将分析经过串通后卡特尔的影响问题。

关键词

卡特尔、价格卡特尔、份额卡特尔、数量卡特尔、投资卡特尔、市场划分卡特尔、竞标卡特尔、重复博弈理论、触发战略、一般竞争投标、等级制、区域条件、绩效条件、指名竞争投标、最优惠条款、不正当交易限制、排除指令措施、处罚金、处罚金减免制、串通投标、串通投标预防法。

8.1 卡特尔的概念

1. 卡特尔的成因

在本书第 7 章里，我们阐述了寡占市场中企业竞争的模式（古诺竞争、斯塔尔伯格竞争、波特兰竞争）。其中，寡占市场中的各个企业是以相互竞争为前提而展开议论的。并且，竞争的结果是，各个企业利润之和低于寡头垄断利润。

当然，企业行为的目的是利润最大化。为此，当面对利润减少时，对于企业而言，可能会有别的选项，即尝试通过企业间串通达成提价、减产等措施，从而增加利润。企业相互串通，形成限制竞争、提价、减产的协调行为被称为**卡特尔**。如果卡特尔成功地实现了价格垄断，各个企业会因卡特尔的实施，不竞争而获得更大的利润。在实际的企业运作中，因追求利润最大化，显而易见，存在着相互限制竞争、最大可能地达成利润的协议。

2. 卡特尔的类型

根据企业所采取的协议形式，卡特尔可分为若干个类型。**价格卡特尔**是指商品销售价格的协议。不过，只有价格卡特尔的话，因还不能控制各个企业的产量，从而引发产量竞争，导致卡特尔难产的可能。所以，在一般情况下，在价格卡特尔的基础之上再加上**份额卡特尔**，从而达成固定各个企业市场份额的协议。西宫于1991年的研究表明，在处理罚款总额为112亿日元的12家主要水泥产业的卡特尔过程中，公平交易委员会也证实，既有价格卡特尔，又有市场份额的卡特尔协议。

数量卡特尔是指有关各个企业的产量、销量的协议。根据数量卡特尔，如果能成功地限制各个企业的产量，就可能实现高价格。此外，根据各个企业生产设施的投资水准而制定的协议，可限制未来产量的增加。这种行为被称作**投资卡特尔**。它有补充数量卡特尔的效果。

此外，**市场划分卡特尔**是指各个企业独自就供货地区、顾客、产品等达成的协议。市场划分卡特尔如果获得成功，那么，各个企业在各自承担的市场中（特定地区、顾客群、商品），作为寡头企业而运作，所以，可实现高价格和高利润。

此外，在公共建设等的招投标中，还存在**竞标卡特尔**的行为，即提前决定中标企业和中标价格的决议。表8－1展示了2002—2006年公平交易委员会对卡特尔事件的执法情况。在这5年里，公平交易委员会所处理的卡特尔事件总计为100例。其中，85件为串通投标事件。

表8－1　2002—2006年度公平交易委员会对卡特尔事件处理的推移

	2002年度	2003年度	2004年度	2005年度	2006年度	合计
价格卡特尔	2	3	2	4	3	14
竞标卡特尔	30	14	22	13	6	85
其他卡特尔	1	0	0	0	0	1
合计	33	17	24	17	9	100

注：由于价格卡特尔以及其他的卡特尔彼此相关，因此该类事件都以价格卡特尔划分

出处：公平交易委员会（2007）26页

由此可以看出，当代日本最为典型的卡特尔就是竞标卡特尔。要指出的是，企业的共同行为不全是卡特尔行为，在企业的共同行为中，限制竞争的协议才是卡特尔行为，没有限制竞争的共同行为不该当作卡特尔。因此，以改善效率为目的的共同研究，以统一商品和服务的规格为目的的协议等企业的共同行为，不该当作卡特尔。

3. 卡特尔的非效率性

不光日本，就连美国、欧盟等诸多发达国家在法律上都禁止卡特尔。这是因为卡特尔虽已成为企业获取利润的手段，但从整体经济上来说，会导致严重的非效率。让我们用简单的例子来说明吧。

在某个市场上，参与交易的商品价格是 P，市场产量为 Q，逆需求函数假定为 $P=70-Q$。假定这个市场为寡头市场，且寡头企业的成本函数是 $C=10Q$，那么寡头价格即为 40，寡头产能为 30，寡头利润就是 900（见本书第 3 章第 1 节）。

其次，假定两个企业在产量上采取古诺双寡头市场模型。企业 1 的产量为 q_1，企业 2 的产能为 q_2，那么因 $Q=q_1+q_2$，所以逆需求函数为 $P=70-(q_1+q_2)$。且假定各个企业的成本函数相同，分别为 $C_1=10q_1$，$C_2=10q_2$。此时，各企业的古诺均衡产量为20，市场产量为40，古诺均衡价格为30，各企业的古诺均衡利润为400。此外，消费者剩余为800，生产者剩余因没有固定成本，各企业利润之和相同为800，因此总剩余为1600，即消费者剩余与生产者剩余之和（见本书第 7 章第 2 节）。

在双寡头市场中，如果两个企业缔结产量卡特尔，即“各企业分别生产 15 个单元”，结果会是怎样？市场产量就会与寡头产量相同，即 30 个单元。价格与寡头价格也相同，即40。各企业的利润为450，寡头利润由两个企业平分。与古诺竞争相比，各企业的利润由 400 增至 450，增加了 50，生产者剩余则增至 900。然而，因产量减少、价格上涨，消费者剩余减至 450，总剩余到达 1350。即，该例因缔结了卡特尔，各企业的利润增加了 50，总剩余减少了 250。

如上所述，如果缔结了卡特尔，就可实现与寡头垄断均衡相同的价格和产量水准，从而导致总剩余的减少这样的非效率问题。此外，因卡特尔是限制企业竞争的决议，一旦长期化，就会产生因失去竞争压力而导致的 X 非效率和动态非效率，进而，使企业的生产行为呈现非效率性。由于卡特尔引发上述严重的非效率，以美日为核心的一些发达国家，法律上严禁卡特尔。

8.2 卡特尔的形成——博弈论分析

1. 卡特尔破灭的动机

法律上虽禁止卡特尔，但对于企业来说，卡特尔始终富有魅力。一旦成功缔结和维持了卡特尔，便可获得更大的利润。如前所述，仅 2002—2006 年的 5 年时间里，公平交易委员会就依法处理了 100 起卡特尔事件，而没有被揭发的卡特尔也许会超出这个数字。

目前，一方面众多的卡特尔行为得到了监控，另一方面卡特尔自身的维持也并不容易。原因之一就是对于参与卡特尔的企业来说，存在脱离卡特尔后能获得更大的利润的可能性，即对于参与卡特尔的企业来说，存在脱离卡特尔的动机。

让我们再次用前章所述的双寡头市场中产量卡特尔的事例来证实一下吧。在卡特尔中，当企业 1 遵守卡特尔而生产 15 单元的商品时，如果企业 2 脱离卡特尔而生产 20 单元，会出现什么样的情形呢？此时的市场产量是 35 单元，价格降至 35。结果是，遵守卡特尔的企业 1 的利润由 450 降到 375，脱离卡特尔的企业 2 的利润由 450 增加到 500，即对方企业在遵守卡特尔时，我方脱离卡特尔而增加产量就能获得利润。因此，企业 2 即便缔结了卡特尔，也会产生脱离卡特尔的冲动。同样，企业 1 也有脱离卡特尔的动机。如果两个企业都脱离了卡特尔，那么卡特尔就不能维持，两个企业竞争的结果会导致古诺均衡。

以上情况如果用本书第 6 章的博弈论的收获表来表示的话，可形成表 8－2。虽说缔结了卡特尔，但如果企业的生产活动只有一次，那么两个企业都会产生脱离卡特尔的动机。因此，卡特尔难以维持，只能实现古诺的均衡产量。

表 8－2 古诺双寡头市场之卡特尔——博弈收获表

企业 2 \ 企业 1	*C*	*D*
C	450, 450	375, 500
D	500, 375	400, 400

C：遵守卡特尔（生产量 =15）；*D* = 脱离卡特尔（生产量 =20）

2. 重复博弈的卡特尔维持

正如我们已分析过的那样，双寡头市场中即便缔结了卡特尔，生产行为如果只有一次，那么两个企业都会发生脱离卡特尔的冲动，从而使卡特尔难以为继。那么，现实中众多的卡特尔是以怎样的机制得以维持的呢？这里值得注意的是，在许多发达国家，卡特尔因受法律禁止，如果以有约束力的协议或合同的方式来维持卡特尔的话，其合同和协议的存在自判明时起，就会受到处罚。因此，通常情况下是不能缔结有约束力的合同和协议的。那么，如何才能维持卡特尔行为呢？关于这个问题，**重复博弈理论**指出：当生产无限期循环时，即便没有合同和协议，各个企业也存在维持卡特尔的动机。

让我们看一下表8-2中博弈（生产活动）无限期循环的情况吧。为了方便起见，在这里假定两个企业选择产能为15（遵守卡特尔）和20（脱离卡特尔）两种形态，分别为记C和D。此外，还假定各个企业都采用了叫作**触发战略**的策略，即假定第1期各个企业都采用C（遵守卡特尔）。只要对方依然采用C，那么我方也采用C，而对方只要一次采用了D（脱离卡特尔），那么从下次开始，我方将一直采用D这个战略。

如果每个企业都采用触发战略的话，那么第1期两企业都会采用C，那么第2期双方也会采用C，结果是第3期双方也会采用C……，最终形成两个企业都会一直选择遵守卡特尔。因此，每个企业只要坚持采用触发战略，卡特尔就会维持下去。然而，在动机方面必须确认的是，对于每个企业来说，是否存在脱离触发战略，即脱离卡特尔的动机问题。

企业2如果采用了触发战略，每期的利益折扣率（每期后得到的金额如果按现在的折扣率提取现金的话，应该打多少的折扣的比率）为0.9时，那么让我们探讨一下第1期时，企业1是否脱离触发战略，是否放弃卡特尔。

企业1在采用触发战略时的折扣现值应该是

$$450+0.9\times450+(0.9)^2\times450+(0.9)^3\times450+\cdots=4500$$

一方面，企业1在第1期放弃触发战略而选择了D时，企业2也会在第2期选择D，从而对于企业1来讲，第2期以后选择D成为最佳选择。此时的折扣现值为

$$500+0.9\times400+(0.9)^2\times400+(0.9)^3\times400+\cdots=4100$$

因 $4500>4100$，企业 1 不存在在第 1 期放弃触发战略的动机。同样的情况也适用企业 2，所以，企业 2 也不会在第 1 期放弃触发战略。相同的讨论同样也适用第 2 期以后的各个期间，因此，在这样的重复博弈中，卡特尔一直会维持下去。

触发战略就是，只要对方合作，我方也合作。重复博弈论显示：在各个企业有此战略、且生产活动无限期进行、折扣率又很大的情况下，两个企业都不具备脱离卡特尔的动机。此行动假说，即“只要对方不背叛，我方也不背叛”，因假定足以符合实际，可以得出当前已观察的众多卡特尔实现了从经济学的角度用重复博弈论加以分析的结论。

3. 有限的生产活动

我们也已讨论过了当生产活动趋于无限循环时，可能产生卡特尔的情况。但在生产处于有限循环的情况下，情况又当如何呢？让我们思考一下表 8－2 中的生产活动的博弈由第 1 期到第 5 期共 5 次重复生产的情况吧。

首先，考虑一下最后的第 5 期中会发生什么。在触发战略的背景下，各企业之所以选择维持卡特尔行动，是因为他们认定卡特尔未来还会得到维持，并且最终和自己的长期利益紧密相关。然而，出现了最终期就意味着没有必要再考虑未来了。不论各个企业过去选择了什么样的产能，现在只要各企业根据眼前的利益的大小来选择产能。在这种情况下，表 8－2 因展示的是囚徒困境博弈理论，那么两个企业都会选择 D（放弃卡特尔），从而不可避免地实现了古诺均衡。

其次，让我们想想第 4 期会发生什么。正如上述分析的那样，对于第 5 期，两个企业都选择了 D，从而不可避免地实现了古诺均衡。第 4 期也是一样，两个企业都会根据眼下的利益而组织生产，从而不可避免地达成古诺均衡。同样的议论也适合第 3 期、第 2 期和第 1 期。

从以上的议论可以看出，在生产活动处于有限的情况下，难以形成卡特尔，且每期都会形成古诺均衡。卡特尔行为得以自然维持只限于生产活动无限循环或是不知何时终了的情况。

8.3 卡特尔成功实现的市场环境

1. 少量的竞争对手

在本章前一节中，我们分析了当两个企业的生产活动无限期循环时，成功实现卡特尔的可能性问题。近来博弈论的发展展示了在什么样的市场环境下卡特尔可实现的条件。在本节中，就让我们回顾一下这个条件吧！

首先，该考虑的问题是提供同一商品、服务的企业越少，就越容易形成卡特尔。如果是基于协议的卡特尔行为，那么参与卡特尔的企业越少，就越容易达成协议。相反，企业越多，不仅达成卡特尔协议有困难，而且难以发现放弃卡特尔的企业，所以卡特尔会很难维持。

哈伊和凯利（G. A，Hay，D. Kelley，1974）通过实证研究表明：1963—1972年间，由美国司法部提起的62起卡特尔案件中，占79%的49个案件是由10家以下的参与企业构成的。

2. 参与的难度

在卡特尔的实施中不可或缺的条件是同一个企业的生产活动的无限期进行。为此，必要的是进入条件苛刻且进入后压力较小的情况。对于易于进入的且进入压力较大的市场来说，因卡特尔导致的高价格诱发新的市场进入，所以卡特尔的维持事实上已不可能。

在本章第1节里，我们展示了在日本已暴露的卡特尔事件中串通招标事件较多的情况。这成了日本在公共工程竞标资格中制度框架问题的极大原因。对于都道府县、市街村等地方公共团体所发布的公共工程来说，即便采取了原则上可自由参与竞标的**一般竞争投标**方式，但多数情况是：一是采用**等级制**，即将业者按企业规模排序，并根据工程规模只指定特殊排名的业者参与竞标；二是采用**区域条件**，即如果本部和支部不在特定的区域内（在多数情况下，在发标所在的都道府县、市街村），就不能参与竞标；三是**绩效条件**，即如果没有曾从事过类似工程且有业绩的业者也不能竞标。

此外，对于许多小规模工程来说，招标者常采取**指名竞争投标**。在这里，作为指名竞标的选拔标准，很多情况是选择离工程地点较近的业者参与。像这样的等级制、区域条件、绩效条件等硬性指名的标准如果被采用，那么，就特定地域的特种工程而言，外来业者实际上已不可能参与竞标，而能参与的都是那些反复参与竞标的老面孔。在这样的环境下，极易发生竞标卡特尔。可以说，日本竞标卡特尔之所以多，原因在于招标制度和其实施时暴露出来的问题。

3. 背离卡特尔时的察觉难度

在触发战略中，如果一个企业单方面背离了卡特尔，该期一结束，另一方企业就会了解到对方背离的事实。那么，在接下来的一期中，为了报复，其他企业就会采取古诺均衡时的产能。通常，背离卡特尔时所带来的利益较大且不易发现且难以报复时，自然会产生背离卡特尔的冲动，从而使卡特尔难以为继。

例如，在需求变化较大的市场中，当价格下降时，通常难以判断此现象究竟是由企业背离卡特尔造成的，还是由于需求减少造成的。因此，需求变化较小的市场，较易于形成卡特尔，而需求变化较大的市场，就难以形成卡特尔。

同样，各个企业的价格和产能的水准等信息越是易于掌握，就越能尽早发现背离的卡特尔，从而就易于形成卡特尔。所以，对于以信息交流为目的而形成的企业协会、事业团体来说，这样的结构易于形成卡特尔。从以上的实证研究（G. A. Hay and D. Kelley，1974）可以看出：在参与卡特尔的25家企业中，业者团体都参与了卡特尔的创建和维护。

此外，从顾客所反映的廉价商店的情况来看，与之对应的搞廉价促销的最优惠条款也易于掌握其他企业的销售价格，因此，可以说协会是一个易于实现和维护的卡特尔机制。

4. 交易频度

交易的频度和规则也会对卡特尔的形成产生影响。同一交易如果频繁并按规则地进行，那么就利于形成较强的卡特尔动机。相反，如果同一交易不规则地偶然发生，就难以形成卡特尔。

在本章第2节重复博弈的分析中，我们假定了折扣率是0.9，交易和交易之间的时间间隔越短，折扣率就越大，接近于1。相反，如果时间间隔较长，那么折扣率就小，接近于零，且折扣率越小，就越易于脱离卡特尔。在本章第2节重复博弈的例子中，当折扣率为0.4时，选择 C 时的折扣现值为750，选择 D 时的折扣现值为767，因而，脱离触发战略会使利润变大，会产生脱离卡特尔的动机。

8.4 针对卡特尔的规制

1. 禁止不正当的交易限制

如前所述，卡特尔会产生严重的非效率性。为此，以美国、欧盟为首的许多国家，在法律上都禁止卡特尔。日本也是如此。卡特尔因违反了《日本独占禁止法》第3条的**不正当交易限制**，公平交易委员对其实施取缔措施。值得瞩目的是，在经济犯罪上，对卡特尔的刑事处罚变得越来越重了。作为刑事处罚，《日本独占禁止法》规定：对法人处以5亿日元以下罚款，对个人处以3年以下监禁或500万日元以下罚金。在日本现存的所有法律中，还不存在对法人处以超出5亿日元罚金的法律。换言之，在日本的法律体系中，可以认为卡特尔是法人所犯下的最恶劣的行为之一。

2. 排除措施令和制裁金

当认定卡特尔存在时，公平交易委员会可发出立即停止卡特尔行为的**排除指令措施**。并且还可对企业因卡特尔而获得的不正当利益进行制裁或征收**处罚金**。罚款额用计算定率的方式来算，即对实施卡特尔的商品和服务的营业额处以罚款。制造业大企业为10%，中小企业为4%；零售业的大企业为3%，中小企业为1.2%；批发业的大企业为2%，中小企业为1%。加之，为防止同业者重复进行卡特尔，对于重复卡特尔的企业，在上述罚款计算定率之上再加5成的罚金。

对于《日本独占禁止法》来说，通过施以巨额罚款和制裁金可防止卡特尔的形成，同时为了能在早期发现卡特尔，在2005年修正的《日本独占禁止法》中，当局实行了**处罚金减免制**。

在处罚金减免制度中，公平交易委员会在对卡特尔进行突击检查前，如果参与卡特尔的企业主动汇报卡特尔行为并提供证据资料，那么，第一个提交证据的业者可全额免除制裁，第二个提交者可免50%，第三个提交者可免30%。美国和欧盟在引入处罚金减免制以后，因对卡特尔的揭发猛增，可以想象这对日本存在的卡特尔的揭发和预防也会有效。

3. 官方串通招标防止法

如本章第1节所述，对于日本来说，受到执法处理的大部分卡特尔就是串通招标。特别是在国家和地方团体投资本金达二分之一以上的特定法人所发售的公共工程当中被揭发的串通招标占绝大多数。20世纪90年代后，公平交易委员会通过取缔公共工程领域里的串通投标行为，使串通招标事件逐步明朗化。即对于这些公共工程的招标来说，作为发标人的国家、地方公共团体和特殊法人的工作人员亲自组织串谋，从而形成了所谓的官方**串通投标**的情况。截至20世纪90年代，即使公务员和特殊法人的员工直接参与了串通的行为，也是无法可依的。因频发的官方串通而受到舆论的批评，政府于2002年终于出台一部关于串通投标等相关行为的预防及禁止的法律，即**《串通投标预防法》**。根据本法，当公平交易委员会确认存在官方串谋时，可要求发标机关进行整改，同时，发标机关需根据整改要求进行必要的调查，对参与串谋的工作人员实施警告和索赔。

小栏目 7

赖氨酸卡特尔

作为本章阐述的卡特尔案例，让我们选一起1995年起诉的国际卡特尔案吧。图8－1展示了自1990年1月到1995年12月赖氨酸价格的推移。

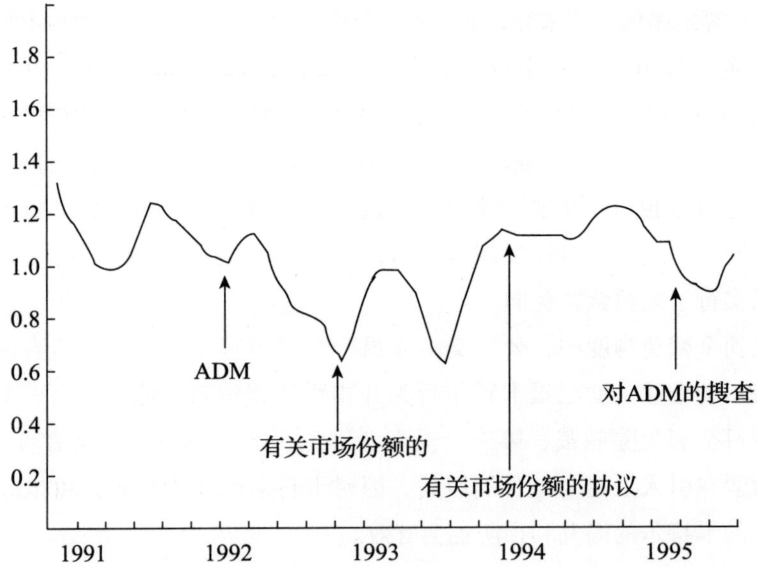

图8－1　赖氨酸价格的推移（1990年1月—1995年12月）

每磅的平均价格（美元）

（出处：Whinston［2006］，pp37，Figure 2.4）

作为饲料添加剂的赖氨酸是具有促进肌肉生长的氨基酸之一。1991年以前，赖氨酸属于只由4家日本和韩国企业进行生产的寡占市场。到了1991年，总部设在美国的阿彻·丹尼尔斯·米德兰（ADM）公司开始投资新设备，从而进入了赖氨酸市场。由于新的加盟，使赖氨酸市场整体产能扩大1.6倍，因产能增加而导致的销售数量的增加，赖氨酸的价格急剧下跌，到了1992年，ADM不得不面对就连可变成本都难以收回的低价水准的问题。于是，各方于1992年6月达成了卡特尔，同意将每磅的价格由69便士升至1美元。这个价格卡特尔导致了价格的上涨。但随后出现了背离卡特尔行为，到了第二年，价格又回落到了先前。因此，在1993年10月，各方又形成了新的卡特尔，即通过固定各家企业的市场份额来提高价格。在这个决议里，为了维持卡特尔，各方决定对背离卡特尔的企业进行处罚。结果从1994年到1995年，赖氨酸的价格被维持在较高水准之上。但到了1995年6月，美国联邦调查局（FBI）才对ADM本部进行了搜查，该卡特尔宣告结束。

在卡特尔事发之际，在美国亚特兰大宾馆的一间屋子里，FBI秘密拍摄了企业密谋的现场，在裁判审议中，这盘录像带成了证明罪行成立的有力证据。笔者在访问美国联邦司法部之际，看了此盘录像。当时，各方以决策负责人ADM社长为中心对卡特尔进行了商讨。例如，“每磅1美元16便士如何?”以及“让美国和加拿大价格一致吧”等。

美国司法部对参与1996年赖氨酸卡特尔的5家美国、韩国和日本企业给予了总额为9125万美元的罚款。其中，味之素和协和发酵这两家日本企业分别被罚1000万美元。在美国之后，欧盟委员会也于2000年对参与赖氨酸卡特尔的5家企业给予总额为1亿1000万欧元的罚款。至于日本企业，由于采用了制裁金减免制度，味之素获免50%，合计为2830万欧元；协和发酵获免30%，合计为1320万欧元。

参考文献

[1] 泉田成美[2004]「繰り返しゲーム理論とカルテル・談合規制」『公正取引』第646号,32－35頁。

[2] 金井貴嗣・川濱昇・泉水文雄編[2006]『独占禁止法(第2版)』弘文堂。
[3] 公正取引委員会[2007]「平成18年度年次報告」。
[4] 西宮三雄[1991]「セメント製造業者の独占禁止法違反事件」『公正取引』第485号,54-60頁。
[5] Hay, G. A. and D. Kelley[1974] " An Empirical Survey of Price Fixing Conspiracies," *Journal of Law and Economics*, 17, pp. 13-38.
[6] Whinston, M. D. [2006] *Lectures on Antitrust Economics*, MIT Press.
[7] White, L. J. [2001] "Lysine and Price Fixing: How Long? How Severe?" *Review of Industrial Organization*, 18, pp. 23-31.

练习题

1. 阐述一下卡特尔的种类。
2. 论述为什么许多国家禁止卡特尔。
3. 论述为什么日本的竞标卡特尔较多。

第 9 章 市场支配力、集中度和市场界定

导 论

企业能将价格控制在高于边际成本的高水准的能力通称市场支配力。截至本章，我们阐述了完全竞争市场、寡头垄断市场、进入的经济效应和垄断性竞争市场、寡占市场以及各种市场中企业的行动模式。在产业组织理论中，什么样的市场会发生市场支配力呢？或在实际市场中，如何判别是否发生了市场支配力等都成了关注的重点。在本章里，我们想说明一下市场支配力的指标、市场支配力和集中度的关系、集中度计算的前提——即市场范围的界定方法。

关键词

市场支配力、价格-成本-盈余（PCM）、市场占有率、格列弗型寡占市场、n 家集中度、赫芬达尔-赫希曼指数（HHI）、日本标准产业分类（SIC）、需求的交叉弹性、供给的交叉弹性、相关市场、SSNIP 测试、假定的垄断企业、玻璃纸之谬。

9.1 市场支配力

1. 什么是市场支配力

市场支配力是指企业将价格控制在高于边际成本的高水准的能力。在产业组织理论里，在什么样的市场里会发生市场支配力，或在实际的市场中如何判断是否产生了市场支配力等已经成了关注的对象。

就在什么样的市场中会发生市场支配力方面，本书中的许多处都做了说明。在完全竞争市场里（见本书第 2 章），因价格等于边际成本时才能确定产能，因而不会发生市场支配力。与此相反，在不存在进入可能的寡头市场里（见本书

第3章第1节），寡头企业能设定远高于边际成本的高水准的价格，可以认为其具有很强的市场支配力。在垄断性的竞争市场里（见本书第5章第4节），短期内，价格会定在远高于边际成本的较高水平，但是从长远方面来看，因不断地有企业进入，价格会接近于边际成本，这样市场支配力就逐渐消失了。

在寡占市场里，对于以同质商品进行产量竞争的古诺寡占市场来说（见本书第7章第2节），根据古诺极限定理，企业越少，价格水准就越高；随着企业的增多，会降低价格水准，因此，企业数量和市场支配力之间明显相关。一方面，在以同质产品来进行价格竞争的波特兰竞争市场里（见本书第7章第1节），在平均成本固定的情况下，企业数与价格无关，且不会发生市场支配力。此外，在有产品差异化的波特兰竞争市场里（见本书第7章第4节），随着差异化程度的增加，会显示出价格高于边际成本的情况。

其次，在完全自由的市场里，即在可完全竞争的市场里（见本书第5章第2节），即便是寡头企业也不能抬高价格，因此可以认为，阻止进入具有限制市场支配力的效果。

从以上的分析来看，理论上可以认为，是否发生市场支配力取决于几种竞争方式，即寡头市场、寡占市场、垄断性竞争市场、完全竞争市场、数量竞争、价格竞争等；同时，还取决于是同质产品市场，还是差异化产品市场等产品的性质，还取决于存在怎样程度的进入压力等。

2. 价格-成本-盈余

如前所述，在产业组织理论中重要的是什么样的市场会发生市场支配力；同时在实际市场中如何判别是否产生了市场支配力等。

关于这一点，理论上为我们提供的市场支配力的指标就是**价格-成本-盈余**（PCM），即

$$\mathrm{PCM}=\frac{P-\mathrm{MC}}{P}\quad（P：价格，\mathrm{MC}：边际成本）$$

对于完全竞争市场、长期性的垄断性竞争市场、平均成本固定的可完全竞争市场以及同质产品的波特兰竞争市场来说，因 $P=\mathrm{MC}$，所以 $\mathrm{PCM}=0$。这些市场是通过竞争、进入、进入恐吓来运作的，所以企业不会拥有市场支配力。

即在不存在市场支配力的市场里，PCM＝0；对于能把价格控制在边际成本之上的市场而言，PCM＞0。此外，市场支配力越大，企业就有可能提价，因此，PCM值也就越大。

通过以上分析，我们可以认为，在没有市场支配力的市场里，PCM＝0。随着市场支配力的增大，PCM也会随之增大，PCM自然成了市场支配力的指标。

但在实际市场中，当PCM被当作市场支配力的指标来运作时，将会面临重要的难题。问题是，边际成本的概念是纯理论概念，在多数情况下不大可能用企业的数据来进行正确的计算。如果不能正确地算出边际成本，那么PCM就不能算出，因而，就不得不放弃用它来比较市场支配力的大小。近来，用计量经济学来测定PCM的新方法逐步得到开发和运用，但在实际运用上依然存在许多制约。对此感兴趣的读者，可参考泉田［2004a］。

市场支配力的测定和市场构造：

既然不能直接算出价格-成本-盈余，那么就不可能直接推定市场支配力的大小。于是采用的通常做法是，利用已成型的经济理论来推测。换言之，对于进入压力小、且进行非价格竞争的市场而言，企业集中程度越高的市场，市场支配力就越大；企业集中程度越低的市场，市场支配力就越小这一经济学理论先来计算表示企业集中的指标——集中度。随后，综合评判各种因素来确定市场支配力的大小。例如，判断进入压力的大小，是属于价格竞争还是非价格竞争，是同质产品市场还是差异化的产品市场等。再如，在进入压力小、同质产品之间展开竞争的市场里，集中度越高，市场支配力就越大；随着集中度的减少，市场支配力也会随之减弱。一方面，如果集中度相同，那么随着进入压力的增大，可以认为市场支配力会随之减弱。

在以上的分析的基础上，下一节让我们阐述一下集中度的指标问题。

9.2 集中度

1. 企业数量

市场集中度最为单纯的指标就是市场中的企业数量。如前所述，在进入压力较小的市场里，寡头市场的市场支配力最大。随着企业数量的增加，市场支配力逐步降低，在大多数企业存在的完全竞争市场里，市场支配力会消失。因此，企业数量成为判断市场支配力的指标之一。

然而，企业数量未必能简单地表达出市场支配力。通常，企业的产量占整个市场商品的数量之比，我们称为**市场占有率**，用%来表示。企业 i 的市场份额为 S_i，其表达式如下：

$$S_i = \frac{企业\ i\ 的产量}{市场整体的产量} \times 100$$

现在，假定在市场 A 中，有 5 家企业，各自拥有 20% 的市场占有率；在市场 B 中，一个企业的市场占有率为 90%，剩余的 10% 的市场份额分别由 10 家企业以 1% 占有。像市场 B 那样的 1 家市场占有率独大，剩余的企业全是小规模企业这样的市场称为**格列弗型寡占市场**。

在这个例子里，市场 A 的企业数是 5 家，市场 B 的企业数是 11 家，对企业数而言，市场 A 较少。但是，市场 A 的市场支配力不见得就大。在属于格列弗型寡占市场的市场 B 中，市场占有率只有 1% 的企业对拥有 90% 的占有率的大型企业几乎不能采取任何形式的对抗。因此，可以认定具有市场占有率 90% 的大企业，其作为价格的引导者在相当程度上可自由定价。所以，可以说与市场 A 相比，市场 B 能产生更大的市场支配力。

以上例子说明，在考察市场支配力和集中度的关系时，只凭企业数量还不充分，作为另一项指标，还应该将市场占有率纳入考虑的范畴中。

2. *n* 家集中度

将企业数量和市场占有率两者作为指标纳入考虑范畴的就是常用的 n 家集中度。所谓 ***n* 家集中度**是指市场占有率占上位的 n 家企业合计的市场占有率。

n 家集中度的好处在于计算和解释。在企业众多的完全竞争市场中，n 值只要不是很大，n 家集中度就接近于 0%，在寡头市场中，1 家集中度是 100%，即可以认为 n 家集中度越小，就越接近竞争性市场。

从另一个角度看，还存在若干缺点。最大的缺点是在比较市场间竞争程度之际，作为 n 值，有可能存在因选择 n 值的不同，集中度的大小关系出现差异的情况。在前面的市场 A 和市场 B 的例子中，如果计算 3 家集中度，那么市场

A是60%，市场B是92%，结果是市场B的集中度较高，如果计算5家集中度，那么市场A是100%，市场B是94%，结果正好相反，市场A的集中度较高。

另一个问题是，n家集中度没有对上位n家的市场分布提供信息。例如，4家集中度为80%时，无法判断是同等程度的4家企业，还是大企业1家和另外3家中小企业的组合等关系。此外，上位n家内部的市场占有率变化无法反映在n家集中度上。上位4家之间发生竞争，即使出现2家拓展了市场占有率，2家减少了市场占有率，4家集中度也没有发生变化。再者，在n家集中度中，因为只针对上位n家的市场占有率，还存在没能反应其他企业市场占有率的变化等问题。

如果考虑到以上的问题，虽说n家集中度有易于计算的好处，并经常将其当作集中度的指标来用，但可以说这未必正确反映了企业集中的实际情况。

赫芬达尔-赫希曼指数（HHI）：

考虑到N家集中度的缺点后，较为正确地反映产业集中现状的指数是**赫芬达尔-赫希曼指数**（Herfindal-Hirschaman Index，HHI）。它把市场中所有企业的市场占有率分别开平方，然后相加求总数。如下式所示：

$$HHI = S_1^2 + S_2^2 + \cdots + S_n^2 = \sum_{i=1}^{n} S_i^2 (S_i\text{：企业 } i \text{ 的市场占有率}, n\text{：企业数})$$

从定义上明显看出，寡头企业的HHI为1万，而靠近完全竞争市场HHI值接近于0。因必须求出市场上所有企业的市场占有率，虽说与n家集中度相比，计算相对复杂，但可认为HHI比n家集中度更能反映出市场集中的程度这个理想的指标。表9－1实际反映了市场集中的情况。

表9－1　市场Ⅰ、市场Ⅱ5家市场占有率以及4家集中度，HHI

企业	市场Ⅰ	市场Ⅱ
1	30	60
2	30	10
3	20	10
4	10	10
5	10	10
4家集中度	90	90
HHI	2400	4000

在表9－1中，市场Ⅰ和市场Ⅱ的集中程度存在很大差异。在市场Ⅰ中，针对强有力的3家企业瓜分的市场占有率，市场Ⅱ中只有1家明显占据着大片市场占有率。显而易见，市场Ⅱ比市场Ⅰ市场更集中，但4家集中度数值相同，表明没有反映出市场集中度。另一方面，对于表9－1而言，市场Ⅰ和市场Ⅱ集中的程度有很大不同。市场Ⅰ由重要的三家企业分割市场的占有率，市场Ⅱ存在一家拥有较大市场占有率的企业。很明显企业Ⅱ与企业Ⅰ相比市场占有率更集中，四家集中度取值相同却没有反映出市场集中度。另一方面，如果是HHI，市场Ⅰ的HHI为2400，市场Ⅱ的HHI是4000，显然市场Ⅱ数值更大，确切地反映了市场集中度。

HHI引起的市场集中度分类：

对于美国的企业合并指南（见本书第10章第4节）来说，根据HHI的大小来给市场集中度分类。即分为

HHI为1800以上：高度集中市场；

HHI为1000—1800：中级集中市场；

HHI为1000以下：非集中市场。

接下来，根据这个基准，让我们比较一下日本若干产品的集中度吧。表9－2中显示了公平交易委员会就若干产品公布的2006年4家集中度和HHI值。根据表9－2，烟草市场因其为JP（日本烟草）的寡头垄断企业，HHI为1万。此外，像咖喱粉、啤酒、平板玻璃、博士伦等的HHI因超出3000，因而成了集中度很高的市场。除此以外，还有在奶油、小麦、洗发水、水泥、煤气热水器、电梯、复印机、空调、计算机、小型汽车、宅特急、便利店等行业里，可以认为HHI超出了1800，成为高集中的市场。相反，像咖啡、化妆品等，HHI低于1000，可以认为这是非集中市场。

表9－2　日本的4家集中度以及HHI（2006年：累计生产集中度）

品目	4家集中度（%）	HHI
奶油	48.0	1954
咖喱粉	95.2	4331
小麦	78.1	2233

（续）

品目	4家集中度（%）	HHI
啤酒	99.2	3554
咖啡	52.5	978
烟草	100.0	10000
化妆品	45.2	745
洗发水	94.0	2465
汽油	65.4	1340
平板玻璃	100.0	3244
水泥	80.6	1922
煤气热水器	86.9	2983
电梯	86.4	2451
复印机	89.5	2441
自动售货机	70.8	1597
空调	77.2	2297
手机 - PHS电话	57.1	1158
计算机	81.5	1998
小型汽车	87.0	2882
博士伦	79.3	4051
邮递业	93.1	2926
搬家业	72.8	1621

9.3 传统市场范围的界定方式

1. 市场界定的重要性

目前的议论都是以彼此默认的已知的市场范围为前提的。然而，在多数情况下，因生产要素和生产方式等存在相同等原因，许多相似的商品彼此是属于相同市场的，还是属于不同市场的界限并不清晰。如果市场范围定得过窄，那么各个企业市场占有率的数值就会过大，n家集中度和HHI也会取值过大。相反，如果市场范围定得过宽，那么各个企业市场占有率的数值就会过小，n家集中度、HHI也会取值过小。如果对市场范围的判断出现失误，凭错误的集中度数值，就会导致错误的市场支配力推测。

换言之，在判断市场支配力时，首先要恰当地界定市场范围，然后还必须算出集中度，考虑竞争状况和进入压力的有无等。在这个意义上讲，市场范围的界定成了在评定市场支配力时不可或缺的分析程序。

2. 标准产业分类基准

传统上基于**日本标准产业分类**（Standard Industrial Classification，SIC）来确定市场范围。日本标准产业分类是基于提供商品的性质而划分产业的，即为大分类、中分类“2进位产业”、小分类“3进位产业”、细分类“4进位产业”四种。传统上采用把细分类所展示的产业范围当作市场范围。但是，所谓日本标准产业分类，最终还是指根据商品的属性而便捷地划分产业，经济学性质的市场概念和日本标准产业分类完全不同。为此，把基于日本标准产业分类而划分的商品类作为一个市场，在经济学上未必正确。

在经济学里，标准上采取把具有密切替代关系的某种商品归属于一个市场，即当某种商品的价格出现上涨时，多数消费者如果将某种商品的消费转移到另一种商品的话，那么这两种商品之间可以认为存在着紧密的需求替代关系。此外，某种商品的价格上涨时，另一种商品的生产者如果开始生产这种商品，那么，这两种商品之间也可以说存在着密切的供给方面的替代关系。因此，从经济学理论上讲，标准上认为有密切的需求替代关系和紧密的供给替代关系的商品群形成一个市场。

我们可以轻松地展示日本标准产业分类中的商品分类和经济学性质上的市场界定思路互不相容。让我们用表9－3来说明这一点吧。表9－3引用了日本标准产业分类中制造业食品制造行业中的乳制品制造和食用油加工的部分。根据这个分类，奶油、人造奶油、酥油分别属于不同的细分类产业，从传统上来看，分别属于别类的市场，即奶油、人造奶油和酥油属于不同的细分类，被看作是性质不相似的商品。

表9-3 日本标准产业分类（SIC）例示

分类	SIC	
大分类	*F*	制造业
中分类	09	食品制造业
小分类	091	畜产品制造业
细分类	0914	乳制品制造业
		乳制品制造业
		奶油制造业
		奶酪制造业
		冰激凌制造业
		发酵乳制造业
		酪素制造业
小分类	098	动植物油制造业
细分类	0982	食用油加工业
		食用精制油制造业
		人造奶油加工业
		酥油制造业
		精制猪油制造业
		精制牛脂制造业

但是奶油和人造奶油的使用用途非常相似，因存在着紧密的需求替代关系，可以认为属于同一市场。实际上，*D. T.* 谢夫曼和 *P. T.* 斯皮乐（Scheffman and Spiller，1996）用计量经济学的方法对奶油和人造奶油间的替代关系进行推算表明：奶油和人造奶油属于同一个市场。

另一方面，酥油是除去人造奶油中的水分和添加物而形成的纯度较高的油脂，是在面包和点心制作中替代奶油的产品。上述的事例说明：酥油和奶油之间有密切的需求替代关系。

此外，人造奶油的制造商因易于参与酥油的制造，人造奶油和酥油之间存在密切的供给替代关系。

如果考虑到上述问题，虽然根据日本标准产业分类，奶油、人造奶油和酥油属于不同的市场，但从经济学的角度看，属于同一市场的可能性极高。公平交易委员会发表的 *n* 家集中度及 HHI 也基本上按标准产业分类确定市场范围、从而计算集中度。因此，有必要慎重考虑这个数值在经济学里究竟有多大意义。

3. 需求-供给的交差弹性和市场界定

如前所述，在经济学里可以认为具有密切的需求替代关系和供给替代关系的商品群属于同一个市场。并且，表示需求替代关系和供给替代关系大小的指标是**需求的交差弹性**和**供给的交差弹性**。

需求的交差弹性是指在两种商品里，一方商品的价格上升1%时，另一方商品的需求量会出现多少百分比比值的变化。如果需求的交差弹性为正值，那么两种商品叫作替代商品。供给的交差弹性是指在两种商品中，一方商品的价格上升1%时，另一方商品的供给量会出现多少百分比比值的变化。可以认为，当需求的交差弹性为正的较大的数值时，两种商品之间存在着密切的需求替代关系；当供给的交差弹性为正的较大的数值时，两种商品之间存在着密切的供给替代关系。

所以，为了判别哪个商品群可形成一个市场，虽说可研讨需求的交差弹性和供给的交差弹性，但需求的交差弹性和供给的交叉弹性究竟高出什么样的值两个商品才属同一个市场，究竟小于什么样的值才属于不同的市场，还没有形成一个明确的基准。

9.4 市场范围的新界定法

1. 相关市场

如上所述，从经济学来看，属性相似的产品组合不构成同一市场，而从需求替代性和供给替代性较高这个意义上讲，相互间具备竞争性制约的商品组合，可构成同一个市场。

例如，黄橙果汁和矿泉水从“饮料”这个意义上讲属于同种商品，但这并不意味着两种商品包含在同一个市场。实际上，虽说矿泉水的价格上涨但消费者的需求不一定就会转移到黄橙果汁上，黄橙果汁的厂家，也不见得会参与矿泉水的制造。所以，需求的替代性和供给的替代性不会太大，彼此也未必在竞争上有多大的制约。

相反，铁路运输和公交运输明显是不同方式的旅客运输形式，但不能因此就认为两种商品构成了不同的市场。从仙台至福岛这一地方城市之间的旅客运输服务上看，铁路和公交彼此提供相似的服务，相互给予极强的竞争制约，即一方如果提价，就会有众多的消费者转移到另一方，所以想提价而获利将变得十分困难。

所以，界定市场范围不是单纯根据商品的属性而定，而是要明确相互给予竞争性制约的产品范围和地理范围。像上面那样，相互给予竞争制约的商品和地域范围而形成的市场有别于通常的市场，我们称其为**相关市场**。

2. SSNIP 测试

计量经济学作为界定相关市场的方式，由美国联邦司法部在 1984 年的合并指南中提出，也称作 **SSNIP 测试**。如今不仅美国、欧盟国家，世界上的多数竞争当局都采用了此种方式。

SSNIP 测试是这样进行的。首先，假定在某个产品范围即地理上的范围里有个垄断企业，我们将这个垄断企业称作**假定的垄断企业**。这个假定的垄断企业与实际的价格水平相比，当做了“虽小但有意义的非一时性的价格上调（small but significant and non-transitory increase in price）（5% 或 10% 左右的价格上调）时，这个假定的垄断企业通过检测因价格上涨可否获利来进一步判断其产品范围和地理范围是否构成相关市场。

在某种产品范围和地理范围内，如果假定的垄断企业通过上调价格而获利的话，那么这家垄断企业就不受其范围外部的竞争制约，其产品范围和地理范围就构成了相关市场。

与此相反，如果当假定的垄断企业促使价格上涨时，消费者试图以切换其他的产品或通过新的厂家的进入，让假定的垄断企业不能获利，那么这个产品范围和地理范围作为独立市场就过于狭小，在扩充产品范围和地理范围的基础上，有必要再进行测试，即 SSNIP 测试是从极窄的产品范围和地理范围开始而逐步延伸到市场边缘的。

SSNIP 测试从经济学的角度看，是个合适的相关市场的界定方式，因这一概念的出台，可以说它使市场界定和市场支配力测定的经济学分析的精度出现质的提高（关于 SSNIP 测试，想了解详情的读者，请参考**柳川 · 川滨编**［2006］，Epstein and Rubinfeld［2004］）。

小栏目 8

玻璃纸之缪

正如本书第 2 章第 1 节所述，在线性需求曲线下，价格水平越高，需求的价格弹性数值就越大。因此，既有企业如果具备了较强的市场支配力，在实现较高价格的状态下来推测需求的价格弹性，那么需求的价格弹性的推定值就很大。

在 1956 年的“玻璃纸之缪”事件中，美国联邦最高法院以玻璃纸及其他的软性包装商品之间的需求的交差弹性较大为由，认定玻璃纸和其他的软性包装商品之间存在着密切的竞争关系，所有的软性包装材料都是相关市场。

然而，玻璃纸及其他的软性包装材料的需求的交差弹性之所以较大是因为玻璃纸生产的垄断厂家——杜邦公司将玻璃纸的价格提到垄断价格。从当今的角度来看，美国联邦法院的判断出现了失误，这个失误被称作**玻璃纸之缪**。但这个事例告诉我们，在需求的价格弹性和需求的交差弹性较大时，有必要慎重地加以考虑，即这是由商品的替代效果所致，还是现有企业市场支配力所致呢。

参考文献

[1] 泉田成美[2004a]「市場支配力の測定」『公正取引』第 647 号,34 – 37 頁。
[2] 泉田成美[2004b]「関連市場の画定」『公正取引』第 648 号,36 – 39 頁。
[3] 泉田成美[2004c]「寡占市場モデルと競争圧力」『公正取引』第 649 号,36 – 39 頁。
[4] 柳川隆・川濱昇編[2006]『競争の戦略と政策』有斐閣。
[5] Epstein, R. J. and D. L. Rubinfeld[2004] *Technical Report: Effects of Mergers Involving Differentiated Products*, COMP/B1/2003/07, October 7.
[6] Scheffman, D. T. and P. T. Spiller[1996] "Econometric Market Delineation," *Managerial and Decision Economics*, 17, pp. 165 – 178.

练习题

1. 阐述什么样的市场会发生市场支配力。
2. 利用表 9 – 2，查一下 4 家集中度和 HHI 之间有多大程度的关联。
3. 阐述在日本标准产业分类中，在有关市场划分问题上，有怎样的问题。

第 10 章 合并和企业重组规制

导 论

近年来，像日本航空（JAL）和日本佳速（JAS）的事业统合（2001）等大型合并激增。那么，合并原因的背后有着怎样的考量呢？企业为什么要合并？合并会给企业带来哪些经济效果呢？政府对不受欢迎的合并如何进行限制呢？本章就这些问题进行探讨。

关键词

合并、买进、事业转让、纯持股公司、股票交换、三角合并、横向合并、纵向合并、混合合并、协调行动、单边效应、规模经济、范围经济、特殊关系投资、要挟问题、双重加价、威廉姆森权衡、企业重组规制、合并指南、安全港基准。

10.1 合并

1. 合并的定义

合并是指两个以上的企业统一成一个企业。作为合并手段，有两个或两个以上的企业缔结并购合同，从而合成一个企业（狭义上的合并）的；有一方企业取得另一方企业半数以上股份叫作**买进**的；还有转让资产和从业人员等的**事业转让**的，等等。在本章中，只要不加特别说明，我们将狭义的合并、买进、事业转让统称为合并。

2. 近年的合并事件

图 10－1 展示了 1985—2007 年合并事件的推移。图中清晰显示，自 1980 年

后期到1990年前期，合并事件每年发生约500起，但在20世纪90年代后半期以后，出现了激增的态势。特别是1998—2000年的两年间，合并案由834起倍增到1635起。加之，2003—2005年两年间，合并案由1728起增加到2725起，增加了近1000起。

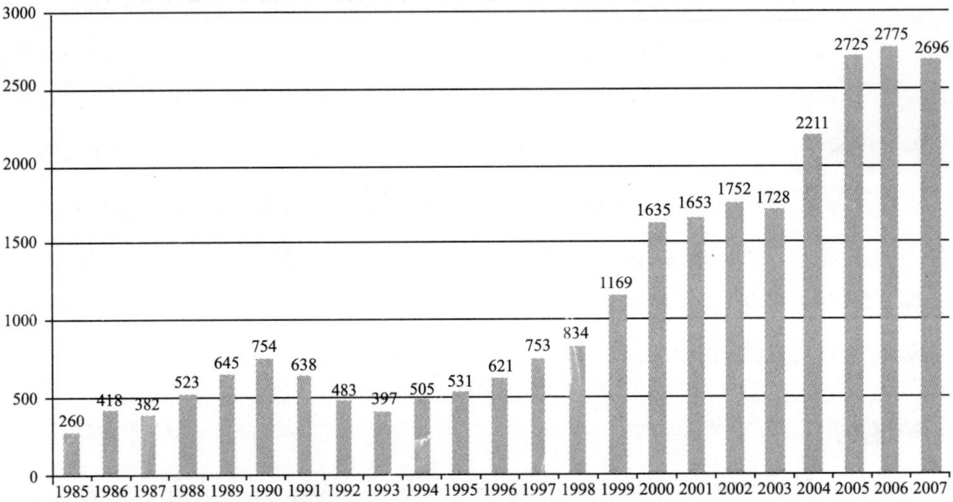

图10-1　近年合并案件的数量推移

（出处：[日本企业的M&R数据库1985—2007]第一卷，RECOF7页。）

20世纪90年代末至今，大企业之间的合并激增。比如，第一劝业银行、日本兴业银行、富士银行三家合并组成了瑞穗银行（1999年）；KDD、DDI、IDO三家（电信公司）合并组成了KDDI（1999年）；住友银行和樱花银行两家合并组成了三井住友银行（2001年）；日本航空JAL和日本佳速航空JAS进行了事业统合（2001年）；三菱东京财团和UFJ持股人两家进行了合并（2004年）；山之内制药和藤泽药品工业两家进行了合并（2004年）；三共和第一制药两家进行了合并（2005年）；软银集团（Soft Bank）对专用手机日本法人进行了买进（2006年）；阪急持股人对阪神电气铁路（2006年）进行了买进；三越和伊势丹两家进行了合并（2007年）等。

可以指出的是，像这样的以大企业之间的合并增加为背景，因《商业法》（《公司法》）、《日本独占禁止法》的修改，对合并的管制放松了，所以合并变得更容易了。换言之，通过对《日本独占禁止法》的修改，1997年解禁了设置纯粹持股公司（即以总揽非经营且保有股份的子公司运作为事业的**纯持股公司**）的限制。由此，通过设立纯持股公司而实施的合并成为可能。此外，经过 1999 年对《商业法》修正，在企业相互买进之际，通过交换被买进企业和买进企业的股票，**股票交换**得以实现（图 10－2 a）。在股票交换引发的买进中，买进企业因无需资金调配，和以前的买进相比更易于实现了。通过这样的合并规制的解禁，从 20 世纪 90 年代末开始，合并急剧增加。此外，2007 年对《公司法》的修改，可使企业 A 和企业 B 在合并之际，通过交换企业 A 母公司的股票和企业 B 的股票可达成**三角合并**（图 10－2 b）。因相关法律法规的修正朝着易于操作的方向推进，可以预想，今后的合并事例还将进一步增加。

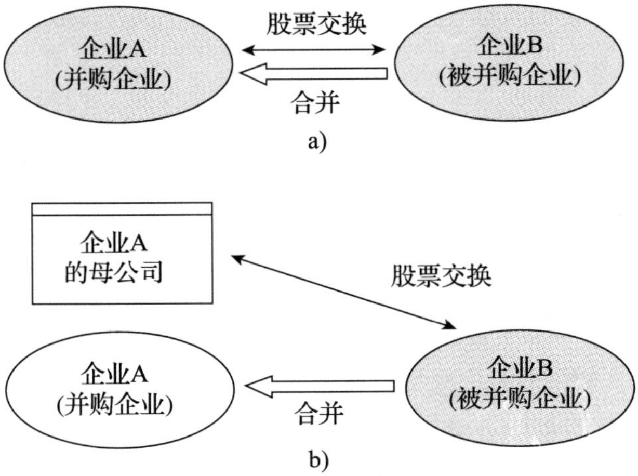

图 10－2　股票交换式的合并和三角合并
a）股票交换式合并　　b）三角合并

3. 合并的种类

合并大致可分为横向合并、纵向合并（纵向统合）及混合合并。**横向合并**是指在同一市场中直接竞争的企业之间的合并。它不仅是指在同一市场上的竞争，也是指相同的地域市场上的竞争，否则就不叫横向合并了。**纵向合并**是指在相同的产业里，从事不同阶段生产活动的企业之间的合并及产品的销售企业和购入企业之间的合并。相当于配件的生产企业和组装企业之间的合并及厂家和销售商之间的合并。另外，其他形式的合并叫作**混合合并**，即混合合并是指除横向合并和纵向合并以外的生产不同产品企业之间的合并。混合合并还可细分为3个类型：第1类称为产品扩大型合并，相当于生产不同产品企业之间的合并；第2类称为地域扩大型合并，相当于以不同地点生产相同产品的企业之间的合并；第3类是纯混合合并，像租车公司和保险公司之间的合并等完全不同市场企业之间的合并。

根据公平交易委员会（2007a）的报告，2006年度，委员会受理的合并案（总资产合计超出100亿日元的公司及总资产合计超10亿日元的公司的合并）为122起，其中，横向合并为87起（占整体的71.3%），纵向合并为6起（同4.9%），混合合并为29起（同23.8%）。由此看出，如果只限于有必要向公平交易委员会递交申请的大型合并的话，横向合并占压倒性多数。

10.2 合并的动机

1. 市场支配力的增大

至于企业合并的理由，最自然的就是合并能给企业带来一些利益。对于合并带来的利益，首先应该考虑的是，可能会强化企业的市场支配力（见本书第9章第1节）。这在横向合并中极易出现。

也就是说，通过横向合并，如果能减少企业竞争，减少竞争压力的话，价格会得到提升，或许可以获利。多数企业如能因合并而实现寡头或者双寡头状态，那么根据古诺的极限定理，可实现高价格和高利润。如美国的钢铁产业，1901年因12家钢厂的合并，使美国钢铁一跃成为拥有市场份额65%的巨型企业。从1890年到1904年美国企业的合并潮是面向寡头化的横向合并，期间诞生的企业有标准石油、通用电气、纳贝斯克、伊斯曼柯达等。

目前，因政府对合并的管制，有寡头化倾向的横向合并受到禁止。即便如此，因横向合并而导致企业数目的减少，仍然具有通过企业间的**协调行动**（卡特尔，见本书第8章第1节）轻易地让价格上涨的效果。如果企业断定，寡占市场上的竞争获利不大，那么，为了利润最大化而进行横向合并，或许会达成卡特尔协议。此外，在产品差异化的市场里，生产具有紧密替代关系产品的企业之间通过合并，可能会形成排斥竞争、自行提价的局面。像合并企业不依赖协调行动而自行提价的行为称作**单边效应**。

与横向合并相比，纵向合并和混合合并对市场支配力的影响不直接。然而，近年的理论分析（**Motta，2004**）显示，纵向合并可被用作排除竞争企业的策略。就此问题，我们将在本书第12章中详述。同样，不可否认的是，混合合并也可用作排除竞争的手段。如果成功地排除了竞争企业和潜在的竞争，那么就有可能减少竞争压力，提高售价。

2. 效率性的增大

企业或许试图通过合并而提升效率。在存在平均成本曲线向右下方倾斜的**规模经济**的状况下，因横向合并而导致企业规模的扩大，可使企业的平均成本降低。此外，当和若干产品分别在不同的企业生产相比，用一个企业来生产有降低生产成本的**范围经济**存在时，混合合并可以提高生产效率。

同样，纵向合并在纵向企业关系中可成为解决非效率的手段。对只在与特定的交易人交易中才有价值的资产进行投资，叫作**特殊关系投资**。比如，为了造出特殊汽车的设备投资等，一旦进行该项目投资，此后因交易对象只限一家，对唯一的买家来说，会发生市场支配力。对于卖家来说，很难拒绝买家提出的降价要求，这样的问题叫作**要挟问题**。当可能存在要挟问题时，特殊关系投资即便是有效率的投资，也不可能出现效率化。作为解决这种非效率的手段，有时可利用纵向合并。从上面的例子可知，如果车体制造商和汽车组装厂进行合并，那么，要挟问题就不会发生，因而，可以回避非效率。

另外，当厂家和销售商同时拥有市场支配力时，因在制造和销售阶段都会产生较高的价格成本盈余（见本书第9章第1节），零售价会极高，结果是产量下降，从而出现大量的无谓损失。这类问题称作**双重加价**。在这种情形下，如果厂家和销售商实施纵向合并，就有可能实现因双重加价的消失而使价格回落和产量的增加，从而使无谓损失减少和企业利润增加。

此外，当某个企业出现了X非效率（见本书第4章第3节）时，企业通过买进，可消除X非效率而获利。换言之，企业如出现X非效率，那么利润就会减少，进而股价就会回落。假若买进企业的经营方比现有的经营方更有效经营的话，就会买进那个企业，从而消除X非效率而让利润增加，进而使股价上升，产生巨大的资本利好。

3. 减轻破产风险–经营危机的救助合并

认为因企业规模大，倒闭的风险就小了，也成了合并的动机。换言之，随着经营环境的变化，商业风险开始加大；为了扩大企业规模而减少倒闭风险，于是就出现了合并的动机。

从1995年到2000年间，合并的银行有三菱银行和东京银行，第一劝业银行、日本兴业银行和富士银行，住友银行和樱花银行，三和银行、东海银行和东洋信托银行等。可以认为，这是为了让因泡沫经济崩溃后的不景气而急剧膨胀的不良资产能迅速得到处理而让银行扩大规模的一种策略。此外，近年制药公司之间合并案例的增加等，据说也是药品开发成本的高额化而导致制药公司的商务风险增大所致。

另外，不排除还有优良企业对陷入经营危机的企业施以救助的情况。在经济高度成长期，由大藏省（现财务省）和通产省（现经济产业省）牵头采取过这样的救济合并。近年来像由储蓄保险机构担保而达成的瑞穗持股买进（2003年）和由产业再生机构担保达成的钟纺买进（2004年）事例的那样，由公益机构买进深陷经营困境的企业、探讨和支援企业再生的例子逐渐增多。

小栏目 9

合并带来的价格竞争的减低效应：手机话费事例

图10-3展示了手机话费价格指数环比变化率的推移。手机行业于1994年4月实现了手机末端销售的自由化。1995年7月开始的PHS服务以及1996年12月手机话费由许可制向申请制的管制松绑等，促进了价格竞争。从1996年到1998年实现了环比10%以上的价格回落。

但是，像这样的价格竞争，1999—2005年因6家企业合并而迅速缩小。1998年以前，提供手机业务的公司虽说只有NTT（日本电信）、IDO（日本移动通信）、DDI（第二电电）等的蜂窝和二代手机服务及日本电信系统的数字电话和数字二代手机等6家，但1999年日本电信系统的数字电话和数字二代手机合并产生了沃达丰（J-phone），2000年KDD、DDI、IDO三家合并诞生了KDDI

（第二电电）；另外，2001年旧蜂窝 *au* 被KDDI收购，2005年第二电电也被KDDI收购等。结果是到了2005年，提供手机业务的公司减少到只有NTTdocomo、KDDI、沃达丰（旧J-phone）三家。从图10－3所示来看，1998—2006年，对上一年比的收费下降率一直在减少。最大的原因可以认为，通过多次合并，企业数量减少了。其结果是价格竞争受到了削弱。这个事例说明，合并导致企业数量的减少具有削弱价格竞争的效果。

另一方面，2006年因软体银行通过买进沃达丰日本法人而进入手机市场，使竞争得到恢复，实现了2007年和2008年对2006年环比负4.5%的低价格指数。与此同时，还进一步显示，因竞争企业的加盟，使市场竞争得到了恢复。

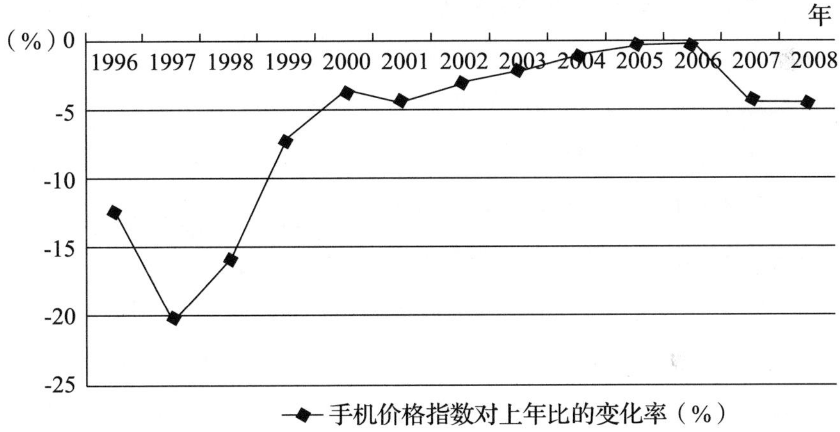

图10－3　手机价格指数：对上年比变化率的推移

10.3　横向合并的福利效果

1. 威廉姆森权衡

对于横向合并，一般认为会导致市场支配力的增大和效率的增大两种结果。对1950—1970年的美国而言，因重视市场支配力增大的效果，规模较大的横向合并大多数被禁止。对此，O. E. 威廉姆森（O. E. Williamson，1968）主张，如果考虑到因市场支配力的增加导致价格上涨和因效率的增大而导致成本的降低两个方面会使总剩余增加的话，即使因市场支配力的增大而导致价格上涨，也应该给予承认。换言之，威廉姆森主张，对于横向合并因市场支配力的增大

（价格上涨）而导致剩余的减少和因效率的增大（成本的降低）而导致剩余的增加存在对冲，如果因市场支配力的增大（价格上涨）而导致剩余的减少大于效率的增大（成本的减少）而导致的剩余的增加，那么，就应禁止合并。如果因效率的增大而导致剩余的增大超出了因市场支配力的增大而导致剩余的减少，那么就应允许合并。存在福利上的冲突这种现象称作**威廉姆森权衡**。

图 10-4 所示说明了威廉姆森权衡的情况。DD 为需求曲线，$AC_1=MC_1$ 表示合并前的平均成本曲线（=边际成本曲线）。合并前，如果假定在完全市场条件下不存在市场支配力，那么市场需求量和价格会是 Q_1 和 P_1。现在因合并出现了寡头企业，同时假设平均成本曲线（=边际成本曲线）将降至 $AC_2=MC_2$。根据本书第 3 章的寡头企业理论，合并后的寡头企业的产能为 Q_2，价格为 P_2。那么其结果就是，通过合并消费者剩余减少了 P_2ABP_1，而生产者剩余增加了 P_2AEP_0。结果是，因合并而使△ABC 的剩余减少，使矩形 P_1CEP_0 的剩余增加。威廉姆森主张，如果△ABC 比矩形 P_1CEP_0 更大，那么因市场支配力的增大（价格上涨）而导致的剩余的减少超出效率性的增大（成本的降低）而导致的剩余的增加，这种合并应该禁止，相反，如果矩形 P_1CEP_0 比△ABC 更大的话，因效率性的增大（成本的降低）而导致剩余的增加大于因市场支配力的增加而导致剩余的减少，应该允许这样的合并。

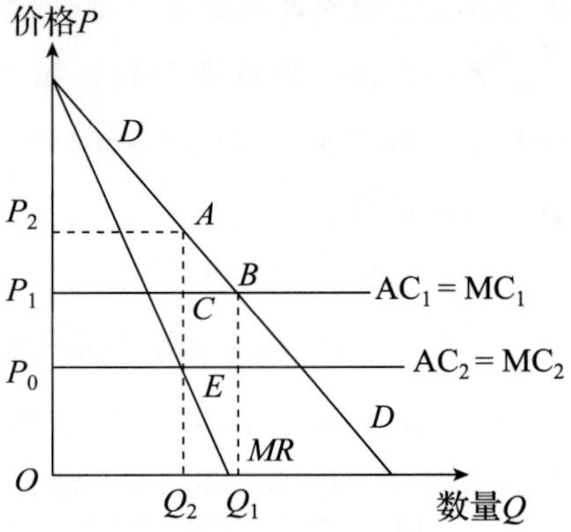

图 10-4　横向合并的福利效应

2. 有关效率增强的实证研究

为使威廉姆森权衡的主张具有说服力，在横向合并中必须对合并企业利益的增加和效率性的改善进行观察。到目前为止，有关合并后是否观察到了利润率的改善和成本的减少等事宜已做了一些实证研究。但否定的意见也不少。关于日本企业，总体是持否定态度的。岩崎（1984）、小田切和长谷（Odagiri，Hase，1989）主张，合并不能说明企业提高了利润率。渡边（2001）在有关金融机关合并上也主张，除了小规模合并外，不能说明规模经济和 X 非效率是合并的主因。

对于欧美企业的实证研究结果来说，G. 米克斯（G. Meeks，1977）和D. C. 缪拉（D. C. Muellered，1985）暗示，合并虽带来若干成本的减少，但多数情况下效果不大。另一方面，西里、帕利普和鲁贝克（Healy，Palepu，Ruback，1992）也指出，当给合并企业和产业中的中等规模企业做比较时，合并企业实力更佳。总之，可以说不存在无条件地接受威廉姆森主张的实证证据。因其只考虑可显著改善效率性这个层次上，所以威廉姆森权衡主张应止于涉及个案合并的事宜中。

10.4 企业合并规制

1. 企业合并规制的概念

《日本独占禁止法》第15条禁止这样的合并，即“对一定的交易领域的竞争做实质性限制的行为”。在这里，“一定的交易领域”是指经济学的相关市场（见本书第9章第4节）；“实质性限制竞争”是指通过削弱竞争，进而可达成不容忽视的企业市场支配力的程度。换言之，《日本独占禁止法》是禁止这样的合并行为的，即在相关市场中，导致不容忽视的市场支配力的增加这样的合并行为是被禁止的。

从《日本独占禁止法》的规定中可以看出，对合并的竞争政策的关注与对经济学意义上的关注略有不同。在经济学上，虽然对市场支配力和效率性之间的权衡予以强烈关注，但对于竞争政策而言，只关注对竞争的实质限制，即将重点放在了市场支配力的增大上，而效率的改善只不过是附加的判断材料。因此，当寡占企业间进行大型合并时，竞争当局（日本的公平交易委员会）以市场支配力增大的可能性为由，就合并带来的影响进行审查并判断合并的是非。这种情况称作企业合并审查。在此基础之上，正如反垄断法所规定的那样，当合并导致市场支配力增大和排除竞争等不利因素有可能带来重大影响时，合并就会遭到禁止。像竞争当局对合并所采取的规制，我们称作**企业合并规制**。

2. 合并指南

企业合并规制需进行如下判断：合并前，推测因合并导致的价格上涨等的影响，做出允许或禁止的判断。因类似的判断易产生随意性，可能存在判断标准模糊等企业合并审查之不公平的现象，同时，对于计划合并的企业而言，会造成超出必要的风险和不安。因此，公平交易委员会发布了明确企业审查标准的**合并指南**。

最新的合并指南（公平交易委员会［2007b］）几乎和美国以及欧盟竞争当局公布的合并指南（**USDOJ and FTC ［1992］，EC Commission ［2004］**）一致，采用了符合国际标准的判断基准，即作为“一定的交易领域”的界定，采用了以 SSNIP 测定来划分（见本书第 9 章第 4 节）相关市场；作为“实质性限制竞争”的情况，明确地对单独行为（单边效应）和协调行动（卡特尔）等情况进行了区分并对其进行了分析。同时，在还未形成实质性限制竞争的情况下，实施企业合并的审查，即①当合并后的 HHI（赫芬达尔-赫希曼指数→第 9 章第 2 节）小于 1500 时；②当并合后的 HHI 在 1500 以上 2500 以下，且 HHI 的增加部分在 250 以下时；③当合并后的 HHI 超出 2500，且 HHI 的增加部分在 150 以下时，清晰地列举了上述审查标准的 3 类情况，明确了不进行企业合并的基准（**安全港基准**）。

作为因合并而导致没有竞争对手的巨型企业，单独行为（单边效应）所引起的情形是指，合并企业在有可能自行提价的情况下和在产品差异化的市场里，生产密切替代关系产品的企业因合并而导致局部性排除竞争和独自提价的可能。此外，和协调行动（卡特尔）所引起的情形相比，合并可使企业数量减少，企业间有可能出现达成卡特尔，从而提价的情形。

在合并行为未达到安全基准的情况下，要综合判断如下要素：即可能出现由单方行为（单边效应）或是协调行动（卡特尔）所引起的市场支配力的增大是基于市场份额，还是竞争状况，或是进口压力，或是进入压力，或是效率改善的可能性等。结论是，当市场支配力增大的可能性极高时，通过对竞争企业发出事业转让等解决措施令，可事先预防市场支配力的增大，在没有有效的解决措施之前，合并将被禁止。

3. 模拟合并

如前述，虽说对企业合并的审查要综合考虑各种因素，但这样的判断依然易于产生随意性。因此，为了较客观地评价合并给市场支配力带来的影响，近年来（1990 年以后）逐步开发了将合并效果用计量经济学加以分析的方法。结果是，目前只要数据充足，提议中的合并在合并前可进行某种程度的模拟，如合并能带来多大程度的价格上涨等。欧美等国也积极进行了类似的模拟合并（有关模拟合并，读者可参考 **Epstein and Rubinfeld［2004］**）。

参考文献

[1] 岩崎晃[1984][合併・再編成]小宮隆太郎・奥野正寛・鈴村興太郎編『日本の産業政策』東京大学出版会。

[2] 公正取引委員会[2007a]「平成 18 年度年次報告」。

[3] 公正取引委員会[2007b][企業結合審査に関する独占禁止法の運用指針]。

[4] 渡辺努[2001]「金融 M&Aの経済学」岩本康志・斉藤誠・前多康男・渡辺努『金融機能と規制の経済学』東洋経済新報社。

[5] EC Commission [2004] Guidelines on the Assessment of Horizontal Mergers under the Council Regulation on the Control of Concentrations between Undertakings, *Official Journal*, C31, 05. 02, pp. 5 – 18.

[6] Epstein, R. J. and D. L. Rubinfeld [2004] *Technical Report: Effects of Mergers Involving Differentiated Products*, COMP/B1/2003/07, October 7.

[7] Healy, P. M., K. G. Palepu and R. S. Ruback [1992] "Does Corporate Performance Improve after Mergers?," *Journal of Financial Economics*, 31, pp. 135 – 175.

[8] Meeks, G. [1977] *Disappointing Marriage: A Study of the Gain from Merger*, Combridge University Press.

[9] Motta, M. [2004] *Competition Policy: Theory and Practice*, Combridge University Press.

[10] Mueller, D. C. ed. [1985] *The Determinants and Effects of Mergers*, Gunn &Hain.

[11] Odagiri, H. and T. Hase [1989] "Are Mergers and Acquisitions Going to Be Popular in Japan Too?: An Empirical Study," *International Journal of Industrial Organization*, 7, pp. 49 – 72.

[12] USDOJ (U. S. Department of Justice) and FTC (Federal Trade Commission) [1992] *Horizontal Merger Guidelines.*

[13] Williamson, O. E. [1968] "Economies as an Antitrust Defense: The Welfare Tradeoffs," *The American Economic Review*, 58, pp. 18 – 36.

练习题

1. 你认为近年来企业合并激增的原因是什么。
2. 企业合并的动机是什么？
3. 什么样的合并是反垄断法禁止的合并？

第 11 章　策略行动和市场垄断

导　论

如本书第 6 章所述，策略行动是指为了自家利润而对他家的行动给予影响的行为。垄断企业为了达成和维持市场垄断，会采取何种策略来提高利润及能否将竞争企业从市场上驱逐、阻止新的进入呢？此外，其可否有实施这样行为的动机呢？另一方面，对企图垄断市场的策略行动，竞争政策又该如何应对呢？在本章里，我们将讨论这些问题。

关键词

策略行动、可信的承诺、合同、沉没成本的投入、评估、攻击行为、友好行为、阻止进入、掠夺价格、连锁店悖论、不完备信息、信息的非对称性、暗示、阿里达-特纳标准、私人垄断、不当倾销、不公正交易手段、公平竞争妨碍性。

11.1　策略行动

1. 策略行动的理论课题

如本书第 6 章所述，在寡占市场里，**策略行动**是指为自家利润而让他家跟进的行为。本章里主要说明以下事宜，即如何使策略行动成为可能，即企业希望采取何种策略行动。进一步讲，这会给社会福利带来何种影响及对这种策略行动应采取何种竞争政策等。

策略行动可分为对市场上处于横向竞争关系的企业采取行动的情形（日本

航空对与其争夺客户的天马航空所采取的行为）和对相互间处于纵向交易关系的企业采取行动的情形（如微软对销售视窗的计算机厂家所采取的行为）。本章只对前者加以阐述，后者将在下一章讨论。

本书第 6 章显示，对新的进入者以低价来阻吓的既有企业的策略实为口头威胁，作为子博弈精炼均衡并不成立，一旦出现了非子博弈精炼均衡，那么当实际发生进入时，因预设不会出现低价格，因此就不能阻止进入者。要想驱逐市场上的竞争企业，让阻止企图新的进入者的策略获得成功，有必要以可信而不是恐吓的形式展示竞争企业无论是留还是去都无利可图的情况。如果是阻止进入者的博弈，进入企业需有真的进入时会遭受低价对抗的预案。作为一种承诺，如果非要明晰将要采取行动的话，就是让竞争企业相信，本企业将在未来的某个时期将采取可信赖的切实的行动，即必须是**可信的承诺**。此时，为提高自身利益而让竞争企业未来的行动出现改变的策略称作子博弈精炼均衡。

2. 可信的承诺

要想让可信的承诺成立，有效的手段是什么呢？首先，就是采取先于对手发出可信承诺的手段，这个典型的手段有三点，即合同、沉没成本的投入和评估形成。

第一，**合同**是指依法限制将来的行为，违反时的责罚一旦很大，会束缚自家未来的行动。例如，现时的寡头企业对其顾客缔结以下合同的情形，如新的进入企业以低价销售产品，那么就对应地以同等的价格销售。但合同也有在限制未来自我行动中不充分的情况，因为或许存在违约的情形。即使有违约补偿，可以想象得到，有获利时甘愿违反的情形。此外，常有下述情形：合同中难以明确列出未来会发生什么及采取何种对应等细节条款，因而合同内容不明确。这些合同被称作不完备合同，但对于不完备合同，不能指望可信的承诺。

第二，对**沉没成本的投入**而言，因生产某种商品而提前进行巨额的设备投资，在确保未来有充分的生产能力的情况下，让竞争企业相信将来此商品会大量生产等，这是行之有效的方式。通过率先进行沉没成本的投资，可以表现出即使出现了进入，也不会停止生产的意图。扣除沉没成本的自家生产成本如果和竞争企业的含沉没成本投入的生产成本相比较低时，那么自家对竞争企业或新的进入企业将具有优势，对此我们将在本章第 2 节详述。

第三，**评估形成**是指一旦出现进入就以低价抗衡从而形成的评估，这样的评估如能植入其他企业中，那么就能阻止进入。例如，有关既有企业的生产成本水平的信息假定其他的企业不很清楚，那么试图进入的企业如果猜想现有企业的技术水平较高，生产成本也比自家低，那么，即使现阶段的价格较高，也可能会放弃进入。这是因为猜想到了在进入的同时，价格会下跌，从而以失败告终。因此，既有企业即使自家的成本实际上较高，如果能形成较低的评估，就可以成功阻止进入。此外，对于进入，确立以极端攻击来对应，宁可牺牲利润也要以低价维持垄断的评估也是有效阻止进入的手段之一。关于评估形成，将在本章第 3 节详述。

11.2　沉没成本的投入和策略行动

1. 先导企业的策略行动

在本节中，像斯塔尔伯格竞争那样，让我们就如何采取策略行动进行展望。即能率先投资可降低成本的企业，利用先导者的地位来提高自家利润的投资行动。策略行动有两种情形，一是以竞争企业的存在为前提而试图提高利润的情况，二是阻止对手的进入，将对手从市场上排除而垄断市场，从而提高利润的情况。在下一小节里，首先议论前者，然后再议论后者。

2. 策略替代、互补和策略行动

在本小节里，我们将主要探讨先导企业认为追随企业是以长期存在于市场为前提而采取行动，而对有关将竞争企业从市场上驱逐的可能性留在下一小节讨论。

那么，先导企业如何能更好地投资要依赖于该产品在市场上的竞争手段是否存在策略性替代、是否存在策略性互补等要素的存在。如本书第 7 章所述，如果进行同质商品的古诺竞争（数量竞争），那么反应曲线向右下倾斜，为策略替代。一方企业一旦提高产量，其他的企业就会减产。对此，如果在产品差异化市场中实施波特兰竞争（价格竞争），反应曲线向右上倾斜，为策略互补，一方企业一旦提价，其他企业也会提价。

因此，考虑一下下面的博弈。在某商品的双寡头市场里，假定第 1 期企业 1 作为先导企业进行研发投资，由此可以降低生产的边际成本。假定第 2 期先导企业和追随企业（企业 2）同时在此商品生产中有策略变量，即如果实施数量竞争，那么就定产量；如果实施价格竞争，就定价格。基于此，让我们在此博弈中看一下先行企业是如何决定投资的。

首先，让我们从策略替代关系上着手。图 11 - 1 a 所反映的是实施古诺竞争时双寡头企业的反应函数。企业 1 如不进行研发，那么均衡点为 E。企业 1 因进行了投资而一旦降低了生产的边际成本，那么产量会随之增加（这就是图 7 - 2 中 MC 一旦下降，那么很明显边际收入等于边际成本时产量就会增加），即对给定的企业 2 的产量，企业 1 的产量将增加。于是，均衡点从 E 移至 E'，企业 1 的产量将增大，企业 2 的产量将变小。在策略替代的情况下，企业 1 的投资行为因降低了企业 2 的产量，从有助于降低利润的意义上讲，这显然为**攻击行为**。

其次，让我们看一下策略互补的情况。图 11 - 1 b 反映了实施波特兰竞争时双寡头企业的反应函数。

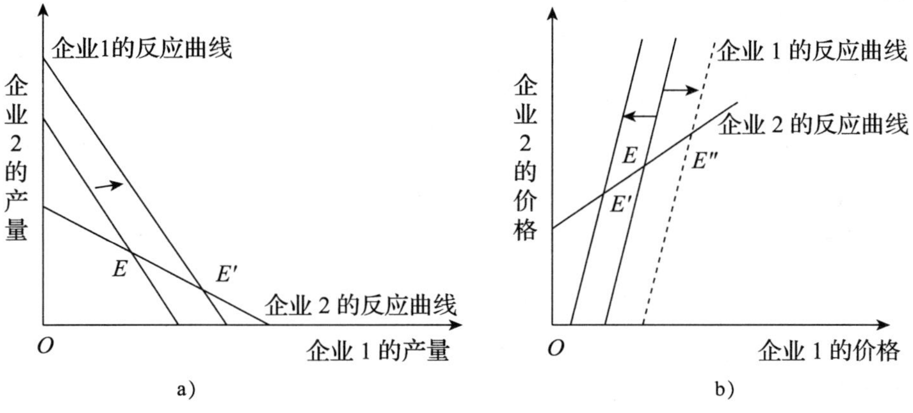

图 11 - 1　策略替代和策略互补

a）策略替代和策略投资　b）策略互补和策略投资

企业1如不进行研发，均衡点为 E，企业1一旦进行研发而使生产的边际成本降低，那么企业1的反应函数向左移动（这表示，在图7－5和企业1的反应函数表达式 $P_1=(a+bc)/2b+(d/2b)P_2$ 中，如果 c 下降，使企业1利润最大化的价格也会下降）。换言之，对企业2给定的价格，企业1的价格会降低。于是，均衡点由 E 移至 E'，企业1的价格降低，企业2的价格也会降低。在策略互补的情况下，企业1通过研发一旦降低了成本，那么就能设定低价格，此事也能诱发企业2降价。对于企业1而言，希望抑制住这样的行为，从而使反应曲线向右侧移动，使均衡点达到 E''。例如，即使实施了研发，比起能降低生产成本的工艺革新，可以说更希望使产品质量得到改善从而提价的产品革新。一旦出现产品革新，图7－5的需求函数就会移至上方。因价格上涨，反应函数也向右侧移动。如新的均衡点 E'' 那样，可提高两种商品的价格。因此，在策略互补的情况下，由于价格的提高，从有助于提高对方企业利润的意义上讲，策略行动为**友好行动**。

3. 沉没成本的投入和阻止进入

在本小节中，我们用A. 狄寨史特（A. Dixit，1980）的理论模型来研判以下情况。即在古诺竞争的双寡头市场中，企业1作为先导企业如果实施了投资，那么能否将企业2从市场中驱逐呢？此外，此事能否获利呢？假如此类行动从福利的角度来看，能否进行评估呢？

在生产中，假定需要资本设备和劳动。第1期企业1作为先导者率先进行设备投资，此等投资形成了沉没成本，单位产量所需要的成本为 r。假定第2期企业1和企业2同时决定产量，企业1在第1期投资范围内的产量中，边际成本为劳资成本 w。当其选择超出产能时，追加的设备投资成为必然，边际成本为劳资成本和设备成本 $r+w$。对此，企业2在生产之际，必然会产生沉没成本，对于所有的产量，边际成本为 $r+w$。

当企业1进行 K_S 大小的投资、产量在达 K_S 阶段时，虽边际成本低至 w，但当产量超过 K_S，那么边际成本会上升 $r+w$，所以，如图11－2所示，企业1的反应函数是以 K_S 为中心向外侧延伸的小三角形的对边。

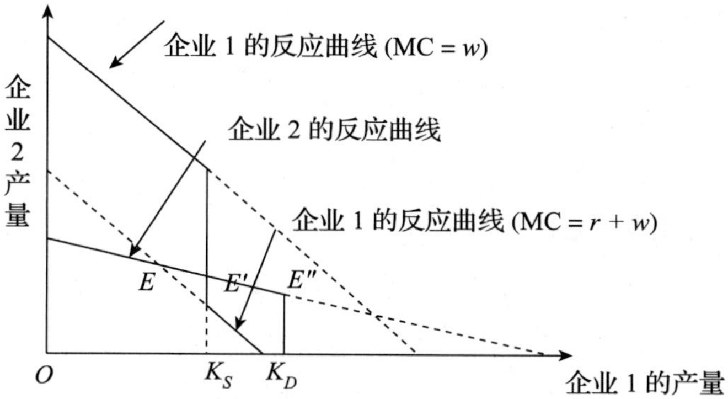

图 11－2　设备投资的进入阻止

第 1 期企业 1 如果不进行先期投资，那么反应函数因处在内侧，均衡点为 E。对此，一旦进行 K_S 投资，均衡点为 E'。那么使企业 1 利润最大化时的 K_S 有多大呢？这就是在本书第 7 章已说明的斯塔尔伯格均衡值。在企业 2 的反应曲线上，对于企业 1 来说，使利润最大的就是斯塔尔伯格的均衡产量。企业 1 希望率先投入等于此产量大小的设备 K_S。于是，可以承诺与斯塔尔伯格均衡产量相等的生产能力。此时，企业 1 因先于企业 2 进行投资，所以可增加利润。

那么，企业 1 能否阻止企业 2 的进入呢？此外，这是否能增加利润呢？现在企业 2 要想进入市场，假定有必要进一步追加会导致沉没成本的进入成本。此时的企业 2 通过生产也未能收回进入成本的话，就不会进入。在企业 2 的反应曲线上，假定点 E''为企业 2 终于可收回进入成本时的均衡点，那么根据点 E''所表示的各个企业的产量和此时的市场的均衡价格，企业 2 可勉强通过生产来维持利润等于进入成本。假定与 E''对应的企业 1 的产量为 K_D，那么，企业 1 如果再进行 K_D 大小的设备投资，就能**阻止进入**。但实际上能否阻止进入，还需视比较阻止进入时的利润和斯塔尔伯格均衡中利润的大小而定。对于企业 1 来说，只希望通过阻止进入能增加利润时，才实施这样的行动。

最后，让我们看一下策略行动及阻止进入对经济福利的效果吧。首先，因策略行动可达成斯塔尔伯格均衡，当均衡点由 E 向 E'移动时，如本书第 7 章所述，因增加了市场中的产量，社会福利得到提高。如果看一下实施阻止进入时的经济福利就能看出，因阻止进入有助于节省进入成本等好处，市场中的产量与阻止进入时 K_D 的大小相关。如果因阻止进入而使产量大减，经济福利虽会恶化，相反，通过阻止进入，当产量并没减少或有所增加时，经济福利会得到改善。

在这方面的策略行动中，有例可查的美国公司有铝锭市场中的铝公司及二氧化钛市场中杜邦公司所进行的产能扩大行为（见小栏目10）。两家企业都是各自市场的主导企业，它们估算了需求并增加了产能。当被追究这可否是试图垄断市场的违法行为时，铝公司于1945年被判违法，杜邦公司于1980年被判合法。在需求增大之际，市场份额较大的企业增产是自然行为，这可否是正当的竞争行为，或者通过垄断市场试图获利的排除异己的行为不好判断。并且，因实施了投资，多数引进了新技术和新产品，这些又有助于改善经济福利。因此，可以说即使因策略投资可能阻止进入，也不易做出因阻止进入导致经济福利上好坏的判断（**柳川·川滨编［2006］。见本书第8章**）。

11.3 掠夺价格和评估形成

1. 掠夺价格

当寡头市场出现新的进入者时，既有企业可能会考虑采取低价将进入企业驱逐出市场。但面对进入行为，既有企业的降价竞争也是通常的做法，让价格下跌就是竞争的结果。那么，可不可以认为既有企业的低价攻势是正当的经济行为呢？或者说是否有必要对既有企业的低价实施规制，甚至规制消费者所期待的低价呢？

首先，可以认为既有企业所实施降价的行为是正当的经济行为，应该在超出平均可变成本或平均总成本的某个基准来测定的成本的范围内。不论是价格竞争还是数量竞争，随着新的进入者的进入，都会如本书第7章寡占企业行为中所阐述的那样，出现增产和降价等情况。

掠夺价格是指既有的寡头企业为了驱逐新的进入企业，以最终提价为目的而设定的某种低于某个基准成本的低价格行为。对于既有企业，因采取低于成本的低价格攻势而短期内会受到损失，为使掠夺价格合理化，如果能将短期付出的利润从长期的角度上予以收回，换言之，新的进入者退出市场后，必然要求既有企业设定高价格。为此，因掠夺价格而退出的企业或是其他的新的进入企业，即使再出现高价，也不再有进入的可能。否则，既有企业因不能总是采取低价而蒙受损失，不会驱逐新的进入者而选择市场共存的策略（但是，也会有因新的进入者在成本上占优，既有企业被驱逐的可能）。

本节阐述了作为既有企业的策略、掠夺价格何时成立以及对此可采取的竞争政策等。

2. 掠夺价格的理论

正如本书第 6 章所述，对只有一次的阻止进入的博弈来说，因既有企业的策略是恐吓，即如果进入就采取低价的威胁，因而做不到阻止进入。如前所述，以掠夺价格作为策略的深意在于下列情形，市场在时间上看处于长期化状态；或者同质商品从地理上看分布在多个地区；或者某一时段上的某个地点的阻止进入可能会阻止将来的某一时段或某个地点的进入情况等。

在此，让我们看一下 R. 泽尔腾（Selten，1978）思考的事例吧。假设某个连锁店在若干个地点开店铺，每期各点都受到新的进入者的威胁。按受到威胁的顺序，分别划为 1，2，…，n 个符号。假定连锁店在最初进入的地区采取低于成本的极具攻击力的价格驱逐新的进入者来警告后来的进入者并使其明白进入得不偿失。如果认为进入只会受到攻击的话，那么新的进入企业就会放弃进入，从而连锁店成功完成了掠夺价格策略。但这个推论显示，一旦适用于本书第 6 章所述的子博弈精炼均衡的概念，这个假定就不成立了。即当最后 n 个连锁店在面对进入时，即使蒙受损失也要阻止的行为不会在接下来的一期里获利，连锁店就会做出允许其进入而分享双寡头利润。于是，知道第 n 个的连锁店允许进入情况的（$n-1$）店同样也会允许新的进入。这样依次回推的结果是，排位第 1 的连锁店也会允许新的进入，因此掠夺价格而导致的阻止进入不会发生。这种因实际上看似发生的情况而理论上不会发生的现象，我们称作**连锁店悖论**。

解开连锁店悖论的钥匙在于信息。对上述的例子而言，就是要了解博弈的构造，即假定市场需求和企业的成本构造等对所有的参与者都是透明的。假如所有这些信息都处于不可知的**不完备信息**的情况下，就会有掠夺价格成立的可能性。对此，请看下一小节的论述。

3. 由评估而定的掠夺价格

P. 米尔格罗姆和J. 罗伯茨（Milgrom，Roberts，1980）以及D. 克雷普斯和R. 威尔逊（Kreps and Wilson，1980）在连锁店例子中指出，当进入企业的信息还不完备时，特别是当既有企业和进入企业之间出现**信息的非对称性**时，极易形成掠夺价格。这里我们打算简单地说明一下这个理论，至于更严密的模型分析，请参考原论文，或是柳川隆 · 川滨升编［2006］，或是查奇，瓦尔（Church，Ware，2000）。

有关信息的非对称性的第一种可能性就是，对既有企业生产成本的大小类型而言，有时会出现对既有企业有了解、而对进入企业不了解的情况。假定进入企业对既有企业的生产技术与自家相比是高是低只有不确切的情报或只知道一个概率；再假定对于进入企业的利润而言，进入时，既有企业如实施掠夺而采取低价，则利润为负；如果允许进入而采取高价，则利润为正。一方面，在有进入的情况下，既有企业如果是高成本的话，则采取高价，利润为正，而采取低价的话，则利润为负（此外，如果是低成本的话，利润为正，假设定低价比定高价利润会变得更大）。

此时，高成本的企业为了让人家相信自家是低成本的企业，会考虑短时间内采取让自己的利润为负的低价行为。并且，看到了对第1波的进入所采取的低价格的事实后，考虑第2波进入的企业就会修正本以为既有企业成本较低的概率，或许不打算进入了。其次，针对第1波、第2波的进入所采取的低价，对于第3波的进入而言，这有助于让进入者相信既有企业是低成本企业的。

不过，如果既有企业果然是低成本企业的话，或许会对高成本的企业采取其不能模仿的低价，以便展示自己才是低成本的企业。只有低成本的企业才能采取的低价格成为展示低成本企业的一个**暗示**。如果能够发出这样的暗示，就意味着高成本企业即便模仿了低成本企业也难以使人信服，从而阻止不了进入。

关于信息的非对称性的第二种可能性就是，有时与企业行动目的的类型相关。假定进入企业认为，既有企业不是利润最大化企业，例如既有企业是个只注重销售额或市场份额的企业，有可能是为了维持垄断而被迫采取承受损失的低价。与利润最大化企业允许新的进入相反，极力维持垄断地位的企业会对进入采取攻击行动。这和在缺乏生产成本相关的信息时的情形一样，基于对第 1 波的进入采取进攻性低价的事实，进入企业会认为既有企业为进攻型企业的概率较高而徘徊于第 2 波以后的是否进入问题。如此一来，极有可能的情况是，一旦形成了既有企业为进攻型企业的评估，寡头企业就能阻止进入。

对于航空市场来说，常见的有被认为是掠夺价格的定价行为。当枢纽港得克萨斯州达拉斯机场的一个小型航空公司——布拉尼夫企图进入市场时，美国巨型航空企业——美利坚航空在采取了低价的基础上，又增加了航班，从而成功地将布拉尼夫驱逐。日本也是如此，日本航空、全日空等大型航空企业对天马航空等新的进入企业同样采取了对抗性的低价格（详情请参考柳川，2004。见第 13 章）。对新的进入者而言，形成既有企业是进攻型企业的评估，可认为这是对新的进入者一个有力的牵制。对此，寡头企业不为利润最大化，而把销售额或市场份额的最大化当作经营目的做法就是，现阶段即使利润减少了，但从长远上讲或许有阻止进入、提高利润的效应。

11.4 掠夺价格的竞争政策

1. 美国如何处理掠夺价格

一般不容易对掠夺价格进行规制。本来好的商品以便宜的价格来供给本身就是提升经济福利的竞争行为，但若是因新的进入者的威胁而让价格下降的话，就难以判断是竞争的结果、还是由寡头企业所导致的垄断市场的结果。此外，就算是掠夺价格，对其加以限制至少也违背了消费者的权益。

日本对掠夺价格的思考受美国的影响较大。这里首先介绍一下美国的想法。为了不轻率地认可垄断行为，P. E. 阿里达和 D. F. 特纳（Areeda and Turner, 1975）认为，掠夺价格是指低于短期边际成本的价格。但实际上因边际成本不易计算，所以建议将平均可变成本作为替代。实际上，法院也在使用平均可变成本的标准（**阿里达-特纳标准**）。如本书第 2 章所述，理性的企业不会采用低于平均可变成本的价格。只要价格超出平均可变成本，即使利润为负，因能收回包括可变成本在内的固定成本的一部分，从短期的角度看是合理的。但一旦低于平均可变成本，就连可变成本也不能收回，从而造成不希望产生的非合理的价格。由此可见，以平均可变成本为标准的价格设定存在合理性。

对于美国而言，在追加了平均可变成本标准的情况下，又增加了实施掠夺价格期间的损失可否得以弥补的标准（弥补标准）。即使以掠夺价格成功驱逐了竞争对手，因存在新的进入者，如不能提高可弥补损失的价格，就不能认为是违法的。

一旦采用了平均可变成本的标准，掠夺价格的认定就严厉了。特别是，对于固定成本较大、可变成本较小的产业来说，垄断企业能将价格降至极低的水准。对于固定成本难以回收的价格来说，新的进入不会发生。为了让新的进入发生，必然要规制低于平均总成本的价格。

如此看来，对掠夺价格的政策措施，若标准过严，可能不会把掠夺价格或不当倾销当作违法来处理。相反，若标准过松，可能会把不是掠夺价格或不当倾销的竞争当作违法来处理。

2. 日本如何处理掠夺价格

对于日本来说，有市场支配地位的事业人实质性限制竞争的垄断行为在其《独占禁止法》第 2 条中被称作**私人垄断**，该法第 3 条对其加以禁止。“竞争的实质性限制”是指特殊的事业人有支配市场价格或其他的交易条件的能力。对此，采取低于成本的价格来妨碍其他事业人的行为被称作**不当倾销**，因其妨碍公平竞争而作为**不公正交易手段**之一受到公平交易委员会的特别关注并遭到《独占禁止法》第 19 条的禁止。**公平竞争妨碍性**是指这样一些情形，即这是对私人垄断行为的补充和预防措施，有可能因对市场的进入和质优价廉的商品的提供而导致竞争的消失。具体而言：①是指与实质性限制竞争相比低烈度的反竞争性（竞争的消弱）（因不当倾销而实质性限制竞争的情况，被认为是私人垄断）的情形；②在公平竞争妨碍性上，包含了竞争手段的公平性的问题，像欺骗性交易（如不当标记）那种值得批判的交易方式也属违法；③在滥用优势地位上来说（如利用交易上的优势地位进行不当交易），当出现交易主体不能自主判断可否交易这种侵害竞争基础的情况时，该种行为也属违法（详情请参照**根岸·舟田［2006］**）。

不当倾销规定，①“在没有正当理由的情况下，以明显低于其成本价格仍不断地提供商品或劳务的”；②“不恰当地以低价格提供商品或劳务的”这两种方式之一的都有妨碍“其他的事业人从事事业活动的危险”。这里的成本是指对于零售业来说，在商品通常的进货成本上加上营销成本等被看作是总营销成本；低于进货成本的价格被认为是明显低于成本的价格。①的“明显低于成本价格”如没有正当的理由，那么原则上违法。对此，②的“低价格”即便不低于①的价格，若是不恰当（如存在削弱竞争的）亦当作违法。

如此看来，对于日本而言，作为不当倾销的标准，显然弥补标准没被采纳而与阿里达-特纳标准相类似的标准却被采纳。

小栏目 10

美国对垄断行为司法判决的变迁

在本书第 1 章里，我们论述了美国反托拉斯法的应用是与时俱进的。这里就《谢尔曼法》第 2 条针对垄断的司法判决的变迁，依照 K. 维斯库斯（Viscusi，Hariring and Vernon，2005）等的主张，可将其分成三个时期来整理。

第一个时期是从 1890 年《谢尔曼法》的诞生到 1940 年期间。1911 年，最高法院相继因企业并购对已获得石油精炼产品 90% 份额的标准石油公司以掠夺价格、渠道垄断、强制给予铁路公司货运优惠价等行为判定非法，并将该企业拆分为 33 家。此时，要认定垄断行为，就必须提供已获得的较大的市场份额、显示有意获得垄断地位的证据等。但获得 65% 份额的 US 钢铁公司因没有实施掠夺价格而被判无罪。对于垄断的认定，不纯粹是份额的大小，掠夺行为的事实认定也是必需的。

第二个时期是从第二次世界大战后的 1945 年到 1970 年。1945 年上诉法院认为美铝业公司虽没有实施掠夺行为，但还是判处全美唯一的粗铝钢厂违法。铝业公司估算了需求的增加而提高了产能，但此举因使其他企业不能进入，因此被认定为该行为足以显示了支配性企业企图垄断的意图。法院之所以没有追究有垄断企图的掠夺行为或是滥用行为的证据，是因为出现了对垄断评判基准的较大改动。此外，在 1953 年联合制鞋机械的判决中，制鞋机械中占 75% ~ 85% 份额的这家公司不营销只是放租，同时免费提供修理服务。因没有修理服务业，加之新的进入者难以进入，结果还是被判违法。

接下来，第三个时期是从1970年起至今。与以往相比认可了支配性企业的攻击行为。正如本章第2节中我们所讨论的那样，1980年，杜邦公司扩大产能的行为被判合法。同年，在照相市场中占60%～90%份额的柯达公司因销售具有互换性的新胶卷而使照片显像-冲洗公司的巴基佛陀被挤出市场。在上诉中，柯达虽应事先公布产品革新等信息，但1980年上诉法院驳回了上诉。此外，联邦交易委员会又受理了一起因凯洛格、通用磨坊、通用食品等大型食品企业实施的多种谷类"品牌大放送"而使新的进入者无法立足案，后于1982年被予以驳回。

参考文献

[1] 川濱昇・瀬領真悟・泉水文雄・和久井理子[2006]『ベーシック経済法——独占禁止法入門(第2版)』有斐閣。

[2] 佐藤一雄[1998]『アメリカ反トラスト法——独占禁止政策の理論と実践』青林書院。

[3] 滝川敏明[1996]『日米EUの独禁法と競争政策』青林書院。

[4] 長岡貞男・平尾由紀子[1998]『産業組織の経済学——基礎と応用』日本評論社。

[5] 根岸哲・舟田正之[2006]『独占禁止法概説(第3版)』有斐閣。

[6] ベサンコ, D./D. ドラノブ/M. シャンリー(奥村昭博・大林厚臣監訳)[2002]『戦略の経済学』ダイヤモンド社。

[7] 柳川隆[2004]『産業組織と競争政策』勁草書房。

[8] 柳川隆・川濱昇編[2006]『競争の戦略と政策』有斐閣。

[9] Areeda, P. E. and D. F. Turner[1975] "Predatory Pricing and Related Practices under Section 2 of the Sherman Act," *Harvard Law Review*, 88, pp. 697 - 733.

[10] Church, J. and R. Ware[2000] *Industrial Organization: A Strategic Approach*, McGraw - Hill.

[11] Dixit, A. [1980] "The Role of Investment in Entry - Deterrence," *Economic Journal*, 90, pp. 95 - 106.

[12] Kreps, D. and R. Wilson [1980] "Reputation and Imperfect Information," *Journal of Economic Theory*, 27, pp. 253 - 279.

[13] Milgrom, P. and J. Roberts[1980] "Predation, Reputation and Entry Deterrence," *Journal of Economic Theory*, 27, pp. 280 - 312.

[14] Selten, R. [1978] "The Chain - Store Paradox," *Theory and Decision*, 9, pp. 127 - 159.

[15] Viscusi, W. K., J. E. Harrington, Jr. and J. M. Vernon[2005] *Economics of Regulation and Antitrust*, 4th edition, MIT Press.

练习题

1. 请考察被叫作“背水之战”的置之死地而后生的行为有可能提高我军利益的策略行动。
2. 请考察一下美国（美国航空）、日本和德国（汉莎航空公司）航空市场的掠夺价格以及对事件的处理时因国别不同而出现差异的背景。
3. 根据不当倾销的标准，有可能出现保护竞争者而不保护竞争的情形。请思考在怎样的情况下会保护竞争者。

第 12 章 纵向统合和限制

导 论

在本章里，我们将就纵向交易关系中企业间的纵向统合和有关价格或交易的纵向限制以及对其实施的动机和给予市场的效果，以及统合和各种限制所达成的替代作用加以说明。作为纵向限制，可以举出有代表性的四个，即维持转售价格、地域限制、捆绑销售和独家经营。此外，我们还就有关纵向统合或纵向限制的竞争政策的应用加以阐述。最后，对有关近来最关注的竞争法的个案——对微软案例中一系列诉讼加以说明。

关键词

本身违法、合理原则、维持转售价格、地域限制、捆绑销售、独家经营、专卖制、纵向统合、纵向外部性、横向外部性、品牌内竞争、品牌间竞争、拒绝交易、杠杆理论、提高对手成本、网络的外部性。

12.1 纵向交易和企业间关系

1. 纵向的企业间关系

某种商品直到消费为止，要经过原材料、零件的生产、零件的组装、批发、零售以及各种生产和流通等环节。例如，若是小汽车，据说有多达 2 万个零部件被汇总到丰田等汽车的组装厂里。而整车还要经过代理商转到消费者手中。在电装股份等较大一级的零件厂的供应商之下，还有二级、三级的供应商。对日本而言，有特色的是，厂商和供应商或代理商已形成了长期固定的交易体系，厂商和供应商之间从零件的开发阶段就开始了协调，代理商成了特定厂家的专卖店。对此，对美国来说，大型汽车厂商曾经将零件制造部门统合到自家内部。但在当前，在让零件厂独立的同时，多数还从独立的供应商那里购买零件。许多代理商在经营美国车的同时也经营欧洲车或日本车等。

此外，日本的大型电力公司，对发电、送电、营销等全部业务都进行了统合。对此，对欧美来说，许多企业或只管发电、或在批发市场上购电转而零售等只经营其中的一部分。再有，就连铁路客运，日本的铁路公司也拥有车站、线路或信号等基础设施和车辆，管理、运输和服务也早已成了常态。而在欧美，基础设施和运输服务通常也是分开运作的（铁路运输公司对基础设施付费租用）。

另外，从流通领域来看，过去有许多专卖店只销售特定厂家的家用电器，但最近专卖店也常态化地销售更多厂家的产品。但另一方面，也有专注于直销的计算机厂家。对于盒饭产业或服务业（干洗店等）而言，也有仅以直销的方式经营的公司，但多数公司利用了特许经营。特许经营既不是统合的自家内部交易，也不是分离的市场交易，是两者的中间形态。（使用特许经营的程度不一，从日本的连锁店来看，七个十一方便店（seven-eleven Japan）的特许经营比率为 95%，而麦当劳约为 32%。对此，星巴克不搞特许经营，全是直销店。

2. 纵向统合和限制的课题

某种商品转到消费者手中之前要经过许多交易阶段，这些阶段既有统合形式的，也有分离形式的。在纵向企业间的交易中，将卖方称作上游企业，买入方称作下游企业。正如本章第 2 节所述，假如纵向统合能提高利润，那么就会使上游企业或下游企业产生纵向统合的动机。然而，一旦实施纵向统合，接下来不仅会出现市场固化的弱点，还需要资金促成合并或买进，从而增加了成为大型企业过程中企业管理的难度。于是，常有上游企业对下游企业或下游企业对上游企业采取交易上的限制，从而取代纵向统合。例如，常见的汽车代理店的做法就是限定零售商可销售的区域，图书出版社制定销售价等。但是，实施纵向交易限制一方面可提高企业的效率或社会经济福利，另一方面也可能限制竞争，使社会福利下降。

对纵向交易而言，通常，在买卖的同时所有权会发生转移，产品是自我消费，还是转售，或者转售时如何定价等都是所有人的自由。对此，本章要分析，因实施纵向统合或限制，能产生何种效率的改善和反竞争效果，并且对于纵向统合或限制来说，能采取何种政策等。

3. 纵向限制类别和违法基准

纵向限制的典型是维持转售价格（以下称转售）、地域限制、捆绑销售和独家经营。上述行为因作为非公平交易手段被公平交易委员会点名并受到《独占禁止法》第19条的禁止。

通常，违法性判断的标准可分为本身违法和合理原则两种。两种原则都诞生于美国。事实上日本也接受了这种的方式。**本身违法**是针对具有明显恶劣影响的竞争行为、不问理由而直接当作违法，像串通招标或价格卡特尔、市场划分、转售等都属于此种行为。**合理原则**是指因存在对竞争具有促进影响的行为，从公平竞争妨碍性的角度来看，对个案分别做出违法性判断。不当倾销（见本书第11章）或本章涉及的转售之外的其他三种行为（地域限制、捆绑销售、独家经营）都属于合理原则范畴。下面分别就纵向交易限制的内容和反垄断法意义上的适用等做简单说明。

维持转售价格是指作为交易条件，上游企业对下游企业指定进货商品再销售时的价格（厂家的零售指导价只作为参考，无约束力的情况下不属于转售）。定价方式除了指定特定价以外，还规定了上限价并在此价格以下销售的称作最高转售。相反，规定下线价并在此价格以上销售的称作最低转售。就日本而言，转售作为不公正交易手段，除了特殊商品外受到本身违法的制约。作为正当的理由，虽说制定了转售的例外商品，但其数量比从前已大大减少。过去将化妆品或药品等视作例外，但现在只限于报纸、书刊、杂志、音乐、CD等著作方面。另外，对于美国来说，正如随后所述的那样，转售行为过去属于本身违法，但近来要求依合理原则处理的呼声增强，这在近来的判例上已发生了改变。

地域限制是指上游企业对下游企业附加条件的限制交易行为，即限定营销地域等。这相当于不公正交易中附加条件约束的一种。附加条件约束是指除了转售价格约束和稍后阐述的附条件专营交易以外，交易相对人对交易或事业活动给予附加条件的约束从而实现交易的行为。除地域限制以外，常常会出现厂家对批发商指定可交易的零售商等限制交易对象以及限制商品说明、送货、销售柜台等的销售方式。对于地域限制而言，虽说只把销售点限定在某个区域不违法，但因存在有实力的上游企业禁止下游企业在区域外销售，或限制给区域外的顾客售货等情况，当出现维持价格转售时，会妨碍公平竞争，因此构成违法。然而地域限制本身，也有分一个地域只限一家的封闭式区域制和设立数家的开放式区域制等，以下我们将论述封闭式区域制。

捆绑销售如本书第3章所描述的那样，是指将不同的商品进行组合来销售的行为。但当既有组合销售，又有单品销售，消费者可自由选择时，通常不会出现问题。此外，组合的商品为一个整体或一套商品的情况下，也不构成搭售。提起捆绑销售，通常会联想起将受欢迎的游戏软件和不受欢迎的游戏软件一起搭配销售的情形吧。从侵害消费者选择自由的意义上讲，可以认为属于妨碍公平竞争的行为，属于违法。也可以认为这是本书第3章议论的价格差别化的一种行为。捆绑销售和市场垄断之间的关系较为重要的是，把捆绑销售作为手段来搞垄断市场的行为。像小栏目11中所论述的那样，微软公司的行为被视为利用捆绑销售企图形成和维持市场的垄断。

独家经营（附加条件的专卖）是指交易相对人以不与（自家）的竞争者交易为条件所进行的交易，这会使竞争者的交易机会减少。典型的有上游企业只要求下游企业销售自家产品的**专卖制**。相反，也有下游企业也要求上游企业将所有的产品由其独家销售的情况。前者的例子有，汽车厂家对汽车代理店的要求，石油公司对系列加油站的要求，在特许经营合同中，本部对加盟店的要求等。后者的例子有，汽车或家电厂家对零件厂缔结专门的承包合同等。对于合同本身而言，不构成违法，但在有实力的事业者之间实施的情况下，如果因竞争者失去可替代的销路，就妨碍了公平竞争（削弱竞争），构成违法。

纵向统合（合并）如本书第10章所述，如存在对竞争的实质性限制，将不被许可。对纵向限制来说，不光是有实质性限制竞争的问题，而且即便是没达到那种程度，作为预防措施，如被当作不公正交易手段的话，便构成了违法。像本章第3节所阐述的那样，对于具有和纵向统合一样给市场带来类似效果的纵向限制，如果进行统合的话，就不成问题，如果进行纵向限制，就会出现问题。因为统合后的一家企业行为和通过市场合同订立的的企业间行为是不同的，因而需加以区分。据说，这是对不受欢迎的合同而说的，即仅凭一方企业的权利受到侵害的合同。对此，从经济福利的观点来看，尽管是同样的事情，有的观点认为一方受限而另一方不受限是很不自然的。只要合同当事人以平等的地位签约，且受限一方的企业自愿签约，那么对这类非对称的限制是否确有必要还需要分别探讨市场的竞争态势。即便如此，从日本对交易限制所采取的严厉态度背后的因素来看，需要留意的是，日本的物流环节因早已实现了系统化，因此竞争压力小，物价水准较高。

在本章的第 2 节里，我们将阐述纵向统合的效率改善和其反竞争的效果。在本章第 3 节和第 4 节里，将议论纵向限制的问题。在本章第 3 节里，议论限制品牌内竞争的转售和地域限制。在本章第 4 节里，议论限制品牌间竞争的搭售和独家经营等。其中，列举个别的纵向限制行为，分析其改善效率的效应和反竞争效果；在此基础上，介绍若干竞争法的事例。

12. 2　纵向统合的效率性和排除行为

1. 纵向统合的效率性

纵向统合是指处于交易关系的企业间产生的合并和买进的行为。在本书第 10 章里，我们阐述了合并带来的改善效率的问题，其中作为纵向统合（合并）特有的主要效果有，可解决套牢和双重加价的问题等。在纵向交易中，上游企业不会考虑影响下游企业利润的外部性的情况。此外，下游企业也不会顾及影响上游企业利润的外部性情况，相互间也不会实施特殊关系投资、设定价格和采取使两个企业利润最大化行动等问题。为达成利润最大化，一旦实施纵向统合而进行零件或产品的研发、经营和定价等行动，都将有助于解决**纵向外部性**的问题。

在纵向统合的基础上，在零售店较多的情况下，还有助于解决零售店之间所产生的**横向外部性**问题。现在，假定某厂家与许多零售店进行交易，零售店可自由决定商品的价格和服务支出。零售服务是指像化妆品店或家用电器店等陈列货物，让顾客试用及说明商品的使用等形态的服务。因此，可以认为通过零售服务，可增加需求。

从零售商的价格设定来看，某零售商一旦降价，就会夺走其他零售商的需求，如果个别零售商不考虑负的外部性而定价的话，全体零售商的总体利润非但不能最大化，反而会导致较低水准的价格。因此，在纵向统合的情况下，（在消除双重加价的基础上）可以定价以防零售商之间的外部性所导致的利润的下降。其结果会抬高价格。

其次，让我们思考一下零售商是如何决定服务水准的。某零售商在提供服务时，因提供服务消耗成本，自然其成本会加到价格上。在熟悉此事的其他零售商中，自家不提供服务而搭上他家的服务，会出现压低价格和争夺顾客的情况。顾客当中也会有人在提供服务的店里收集信息，转而在购物时，到便宜的商店里购买的情形。此事如果多起来的话，零售商即便提供服务、提高商品需求，也与销售额的增加无关，只会产生使其他零售商客源增加的正的外部性。像这种情况，会使零售商提供服务的动机减少，而对于厂家来讲，需求会变小。因此，在纵向统合的情况下，各个零售商会提供更多的服务，从整体上讲可使需求增加。

品牌内竞争是指销售同一厂家产品的零售商之间的竞争。如因纵向统合而使价格竞争即品牌内竞争消失的话（或者缓解的话），企业的总体利润（生产者剩余）会增大而消费者剩余会减少。对此，如因纵向统合而提供服务的话，需求会增加，不仅能提高生产者剩余，也能提高消费者剩余。此外，如果能在统合后的不同厂家之间开展有服务的**品牌间竞争**，那么服务竞争就会激烈起来，更有可能提高消费者剩余。

2. 纵向统合的排除竞争行为

在寡占市场中，有支配地位的事业人有时会利用纵向统合来排除竞争企业。如图 12 - 1a 所示，假定某个市场里存在一个上游企业 U 和许多下游企业，企业 U 在统合之前给所有的下游企业供货，各个企业把产品卖给消费者。

于是，如图 12 - 1b 所示，企业 U 吸收了企业 D_1，对其他的下游企业**拒绝交易**，一旦停止了供应，企业 D_1 以外的下游企业如不能从其他企业购入替代品，就会被淘汰出市场。这被称作**杠杆理论**，即以上游市场的垄断力为杠杆，企图垄断下游市场。

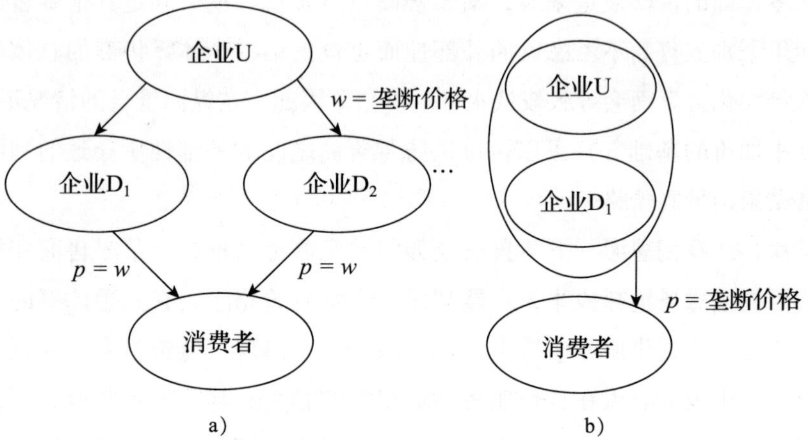

图 12－1　纵向统合对下游企业的排斥

a）纵向统合前的市场　b）纵向流合后的市场

虽说通过纵向统合并用杠杆理论能轻易实现淘汰对手。但芝加哥学派认为，为了排除对手而进行的纵向统合，其理由不充分。如果说可以统合的话，那就是存在效率的改善。图 12－1 所示的情况表明，这里对销售上游企业产品的下游企业来说，假定除了进货价以外，不发生其他的成本，此外，还假定了下游市场为完全竞争市场的情况。上游企业的批发价为 w，下游企业的零售价为 p，因为是完全竞争，零售价等于边际成本，即为 $p = w$。上游企业对下游企业来说，自己是寡头垄断企业，可以将批发价定为垄断价格（用本书第 7 章的符号就是 $w = c + bS/2$）。一方面，在纵向统合完成后，作为寡头企业，会将零售价定成垄断价格（$p = c + bS/2$）。于是，可以看出统合前后所得利润的大小没有发生变化。因此，上游的寡头企业即便统合了下游的竞争企业也不会带来利润，因此，可以说没有动机实施这样的排除行为。

同样，如图 12－2 所示，在上游企业居多而下游企业只有一家的情况下，上游企业的一家和下游企业一经统合，就可能淘汰其他的上游企业，因此，还是不能增加利润。

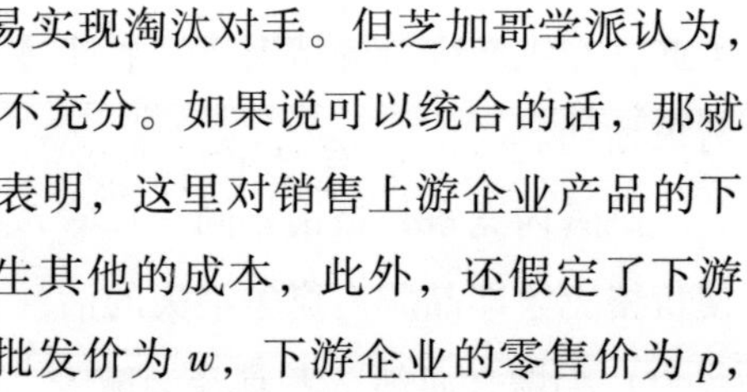

图 12－2　纵向统合对上游企业的排斥

但是，后芝加哥学派的研究表明，存在为淘汰对手而实施纵向统合的动机。

在上游和下游企业数量都不多的寡占市场的情况下，假定上游企业之间存在成本差异，低成本的上游企业和一家下游企业整合，而拒绝和其他的下游企业交易。整合前，从低成本的上游企业进货的下游企业就不得不从高成本的上游企业进货。如此一来，增加了竞争企业的成本，淘汰竞争对手并在竞争上可确立自己的优势，像这样的行动被称作**提高对手成本**的策略。有时存在因实施提高对手成本的策略而增加利润的纵向统合的动机。然而，由于存在实施纵向统合而消除双重加价等效率的改善，因实施提高对手成本的策略，市场价格未必会上升。

加大对手成本的统合，似乎会被视作违法。美国在线公司（AOL）和时代华纳的合并，欧洲的通用和霍尼韦尔的合并，日本的王子制纸和神崎制纸的合并等，都采取了令人担忧的提高对手成本的措施（有关后芝加哥的议论和法律上的事例，详情请参考**柳川 · 川滨编［2006］或 Motta［2004］**）。

12.3 品牌内竞争的限制——维持转售价格和地域限制

1. 维持转售价格

转售价格维持（以下简称转售）和地域限制在限制品牌内竞争这点上是一致的。在本节里，将分析转售和地域限制如何具有改善效率以及有怎样的反竞争效果的。

当存在上一节中所描述的纵向外部性或横向外部性时，实施转售就能解决这些问题。下面为了简化，假定转售为固定了价格，既不能大于定价也不能小于定价。首先，让我们看一下双重加价的问题。上游企业可避开下游企业设定较高的利差而减少销量的行为。例如，从图 12 - 1a 所示那样的市场来看，上游企业将批发价设定为垄断价格（$w = c + bS/2$），同样把下游企业的零售价也定为垄断价格即可（$p = w$）。

此外，转售也有助于解决横向外部性的问题。当零售商为搭服务的便车、不提供适当的服务时，假定我们在零售价之上加上服务成本再实施转售。于是顾客无论从哪里购物，价格都一样，那么消费者就会从服务上乘的店里购物。因不提供服务就难以卖货，因此零售商也不得不提供服务了。此外，可以认为，因限制价格竞争，零售商的收益性得到了保证，从而零售店的数量得到增加。为了维持报纸的分户配送，书刊、杂志、音乐、CD 等的店面陈列，以转售有其必要性为由，上述商品也被列举出来了。

另一方面，转售也有限制竞争的效果，即品牌内竞争。换言之，有抑制店铺间价格竞争的效果。此外，也可以认为转售被用作维持卡特尔的手段。极有可能的是，厂家在既回避品牌间竞争，又回避零售商的品牌内竞争之时有效地利用了转售。

转售虽然限制了品牌内的竞争，但如果零售商的数量得到增加，零售商通过提供服务而使品牌间竞争活跃起来的话，有可能提高经济福利。像图书，因转售而店面陈列得到保障时，多种书籍的出版成为可能。由于多样性得到保障，消费者的效用得到提高，文化水准也会得到增强。这也被看作是转售维持的根据之一。

此外，有关转售，也有人认为，零售商不能自由决定有效竞争的手段之一的价格，既不能减价促销，也不能大减价处理库存，这妨碍了公平竞争。

就转售而言，美国的处理方式与日本不同。过去美国把转售视为本身违法后因两起案例做了修改。一起是 1996 年的（联邦石油公司对加油站凯恩制定汽油价上限）联邦石油-凯恩案件。法院裁决，回避双重加价的最高转售也能给消费者带来利益，应以合理原则来处理。第二起是 2007 年的（制造女性皮带的丽晶对零售商 PSKS 制定销售价格的下限）丽晶－PSKS 案件。法院裁决，最低转售也应以合理原则来处理。

2. 地域限制

地域限制也有助于解决横向外部性的问题。因存在地域限制，代理店可独享某些成果而无需担心成果流失。如以广告或店面陈列来开拓市场等。对厂家来说，当缺乏品牌力、而零售商的经营对该商品具有重要的促销效果时，地域限制成为对市场开拓特别有效的手段。例如，在日本国内，在销售无品牌的外国厂家的进口车时，代理店将全国当作区域，作为进口的总代理一手囊括国内销售，通过广告，倾全力打造国内市场。

在地域限制下，上游企业设置怎样的批发价才算恰当呢。假定下游企业除了进货价不会发生其他的成本。当下游企业能够自主定价时，就会设定边际收入等于批发价的垄断价格。于是，上游企业设定批发价等于边际成本，活用二部收费，如能以固定费征收相当于零售商利润的额度，那么就可实现利润最大化。此时，也可消除双重加价。如此看来，加上二部收费的地域限制，可产生与转售相同的结果。

地域限制也会限制品牌内竞争，但因限制了价格竞争，零售服务得到保证，零售店得到增加，当品牌间竞争活跃起来后，经济福利会得到改善。

但是，多数厂家（或者多数零售商）一旦划分销售地域，在垄断各自的市场时，就会形成卡特尔。

12.4 品牌间竞争的限制——捆绑销售和独家经营

1. 捆绑销售

捆绑销售和独家经营是解决外部性，提高利润的有效手段。但有可能具有限制品牌间竞争的反竞争效果。

在本书第3章中见到的捆绑销售（简称搭售）是价格歧视的一种。企业通过搭售不同的商品，可将更大的剩余从消费者手中获得，这也可改善经济福利。

但因实施了搭售，有时也表现为限制品牌间竞争和排除竞争企业。例如，像立体声放大器、扬声器或游戏机的软硬件等，假定存在有互补性的A和B两个商品市场，如果A市场为寡头垄断市场，B市场为完全竞争市场。如果销售A的企业搭售销售B的企业的商品，那么销售B商品的企业就会被排除市场。这就是以A的垄断力为杠杆，企图垄断B市场的杠杆理论。

芝加哥学派对此的见解表明，寡头企业不存在这样的动机。以商品A的垄断力垄断商品B的市场，即使想增加利润，也是不可能的。为了方便说明，假定所有的消费者对A和B的组合愿意支付5万日元，商品B在完全竞争市场以1万日元（边际成本）的价格销售。不进行搭售而销售商品A的寡头企业，可将商品A的价格设定为4万日元。一旦搭售，商品A和B的组合就会以5万日元销售，收入在增加1万日元的同时，成本也只增1万日元，利润没有增加。

然而，在纵向统合的理论中，后芝加哥学派说明了存在利润增加的情况。

在这里，也可展开同样的议论（详情参照 Motta［2004］，第 6 章）。

搭售被认为与排除竞争企业有关的例子是美国的柯达案例和类似的日本东芝电梯案例。此外，小栏目 11 中列举的微软案例也是搭售问题。柯达案例是指将复印机和它的保修服务通过搭售而将独立的保修服务业者排除的事件。机器市场是竞争的，可以设想，如果购买者比较了复印机本体和保修服务的寿命周期成本而决定购买的话，以搭售的形式是不能提高市场支配力的。至于判决，购买者因其没有多少合理性而被判为违法。东芝电梯和它的保修服务也同样因机器和保修服务的搭售而被视为违法。

2. 独家经营

作为典型的独家经营，我们认为应该是专卖店制。上游企业对下游企业有时对其广告或资金、人力培训等提供广泛的支援。如果不是专卖店，就有可能会使下游企业销售他家的产品。这时厂家的援助会导致通过零售商的行动而给其他的厂家带来外部性。如果是专卖店，就不必担忧了，因厂家的援助，一旦零售商增加了销售额，企业也会获利。

正像过去的家电商场或加油站那样，在专卖店的范畴内即便产生了系列化，对于每个厂家来说，只要专卖店存在，品牌间竞争就会运作；有实力的事业者如果采用了专卖店制度，而其他的弱小厂家就会因此而失去产品销路，这就削弱了竞争，因而被视为违法。

小栏目 11

微软案件

在美国、日本及欧盟等国，发生了关于微软公司涉及竞争法上的多种纠纷。下面介绍当中的几起案例。首先，从欧美的个案来看，被视为如下案件的有：第一起是，增加最小订货量和利用长期合同及处理器单元的合同来排除对手（苹果）的基础软件（OS）事件（**Gilbert，1999**）。能够通过大量订货和长期合同而维持垄断的理由是，可自由选择 OS（操作系统）供货人的买家越来越少。若低于进入所需的最小规模，进入就受到了阻碍。微软的最小订货量为计算机厂商计划销售额的 50% 以上。并且，专利的合同期为 3 ~5 年，这从微软产品的循环期来看时间过长。对此，处理器单元的合同就是将OS都装上使用英特尔80286芯片的合同。这也成了新的进入企业的准入壁垒。原因是，厂家给使用80286芯片的计算机装微软OS时不用追加成本，而安装其他公司的OS时，要追加成本。微软与每台计算机相比，将每部处理器的价格调低，从而提高了处理器合同的比重，其比率对于MS-DOS（磁盘操作系统）而言，达到了由1989年的20%到1993年的60%，对于视窗而言，1993年达到43%。

第二起事件是指最著名的微软浏览器搭售事件（**柳川·川滨编，2006**）。微软虽在OS市场上占垄断地位，但这全凭视窗上可移动的众多的应用软件。然而，网景公司的领航员和太阳微系统公司的播放软件处在OS和应用软件之间，起到了连接两个软件中间部位的作用，使视窗上移动的应用系统也可在其他的OS上使用。于是，由于视窗的垄断地位受到了威胁，据说微软公司给视窗系统配上浏览器是为了排除提供中间部件的软件公司而与计算机厂家或互联网供应商签订了合同。

第三起事件是欧洲的视窗系统与音乐-影像再生软件播放器之间所出现的搭售问题（**土井编，2008**）。基于此，竞争性的软件播放以受到排挤为由，被判违法。

第四起事件是，日本出现的文字处理器（单词）和图表计算软件（表格软件）的搭售问题（**柳川·川滨编，2006**）。通过让计算机厂商在图表计算软件上搭售文字处理软件来排挤20世纪90年代后期代表日本文字处理软件的［一太郎］。

微软在OS市场上垄断力的根源在于**网络的外部性**。这是指某商品所带来的消费者效用对于使用该商品的人来说越多，效用就越大。过去在录像行业里，VHS（家用录像系统）之所以战胜贝塔，是因为网络的外部性较大，VHS在与贝塔的竞争中，因在市场份额上占优，此后的销售就集中到了VHS并获得了事实上的标准地位。视窗行为的效用也说明，利用视窗的人越多，效用就越高，与多数人共享OS的好处以及开发出多种的应用软件提高了视窗的魅力。微软为了维持OS的垄断地位，以OS的垄断地位为杠杆搭售了浏览器，从而在音乐-影像再生软件方面形成了垄断地位。

参考文献

[1] 川濱昇・瀬領真悟・泉水文雄・和久井理子[2006]『ベーシック経済法——独占禁止法入門(第2版)』有斐閣。

[2] 土井教之編[2008]『産業組織論入門』ミネルヴァ書房。

[3] 根岸哲・舟田正之[2006]『独占禁止法概説(第3版)』有斐閣。

[4] 松下満雄[2007]『再販売価格維持は合理の原則で律すべきであるとする米最高裁判決』『国際商事法務』第35巻第9号、1189-1196頁。

[5] 丸山雅祥・成生達彦[1997]『現代のミクロ経済学——情報とゲームの応用ミクロ』創文社。

[6] 柳川隆・川濱昇編[2006]『競争の戦略と政策』有斐閣。

[7] Gilbert, R. [1999] "Networks, Standards, and the Use of Market Dominance: Microsoft (1995)," J. E. Kwoka and L. J. White eds., *The Antitrust Revolution*, *3rd edition*, Oxford University Press.

[8] Motta, M. [2004] *Competition Policy: Theory and Practice*, Cambridge University Press.

练习题

1. 请展示下游企业如图12-2所示那样没有垂直统合上游的动机。
2. 在外国企业看来，垄断进口的进口总代理店是以全国为对象的地域限制。从本章中所叙述的地域限制的观点，考虑一下对进口商品的平行进口应该认可还是禁止。
3. 请调查一下围绕下一代DVD规格的蓝光碟和HD DVD相互竞争的理由，思考一下蓝光碟获胜的理由。

关键词汇总

A

暗示

阿帕奇·杰克逊效应

阿里达-特纳标准（平均可变成本标准）

安全港基准

B

博弈树

博弈规则

博弈者

边际成本

波特兰竞争

玻璃纸之缪

不完全竞争

不完备信息

不正当交易限制

不当倾销

不公正交易手段

本身违法

标准法管制

C

长期

产业组织

产业创立成本

产品差异化

成本递减行业

纯持股公司

沉没成本

沉没成本的投入

重复博弈理论

齿轮效应

触发战略

操业停止点

策略

策略互补

策略行动

策略性博弈

处罚金

处罚金减免制

串通投标

串通投标预防法

D

动机

动机管制

动态非效率性

单边效应

短期
等级制
地域限制
独家经营
独占禁止

E

二部收费
二部收费的区域限制

F

反应函数
反托拉斯法
反托拉斯革新
反向归纳法
范围经济
份额卡特尔
俘获理论

G

寡头垄断
共谋假说
供给曲线
供给的交叉弹性
规模经济
公平竞争妨碍性
公平交易委员会
公平报酬率管制
公共管制
公共政策
公平
广告
古诺竞争（数量竞争）
古诺极限定理
古典产业组织理论
固定成本
工艺革新
格列弗型寡占市场
股票交换
杠杆理论
攻击行为

H

合并
合同
合并指南
合理原则
混合合并
横向合并
横向外部性
横向产品差异化
互补品
哈佛学派
哈佛-芝加哥之争
赫芬达尔-赫希曼指数（HHI）
后芝加哥学派

J

价格接受者
价格制定者

价格卡特尔
价格上限管制
价格限制
价格差异
价格－成本－盈余（PCM）
竞争法
竞争当局
竞争政策
竞标卡特尔
经济福利
经济学上的利润
进入
进入管制
进入壁垒
技术革新
机会成本
拒绝交易
假定的垄断企业

K

可变成本
可信的承诺
可竞争市场理论
卡特尔
捆绑销售
克莱顿法
恐吓

L

垄断性竞争市场
垄断利润
连锁店悖论
联邦贸易委员会法
掠夺价格

M

买进

N

n 家集中度
纳什均衡

P

排除指令措施
品牌间竞争
品牌内竞争
平均可变成本
平均成本
平均成本价格管制
评估

Q

企业重组规制
区域条件
全要素生产力
囚徒困境

R

软性预算制约问题
日本标准产业分类（SIC）

一般服务管制
依次行动博弈
盈亏均衡点
研究开发
要挟问题
友好行为

Z

阻止进入
最佳反应
最优惠条款
子博弈
子博弈完全均衡
芝加哥学派
重视市场的经济政策
指名竞争投标
纵向外部性
纵向合并
纵向产品差异化
纵向统合
策略替代
展开型博弈
专卖制
政府监管
政府失灵